Nick Metarn, 42, Geschäftsmann, Börsianer und Autor, kennt die harten Regeln des Geschäftslebens ebenso wie private Krisen und Verhaltensregeln der Gesellschaft. Er handelt nach der sicheren Erkenntnis, durch eigenes Verhalten die Mitmenschen beeinflussen zu können.

Dieses Buch stellt keine frauenfeindliche Bewegung dar. Es zeigt lediglich die Meinung aus der Sicht der befragten Personen und des Autors.

Inhalt

Vorwort

Der Mann, das „Starke Geschlecht", fühlt sich nicht selten schwach, wenn es darum geht, die Zuneigung einer Frau für sich zu gewinnen. Viel zu sehr vertrauen die Herren dabei auf Patentrezepte und übliche Verhaltensregeln, die nicht den gewünschten Erfolg resultieren. Dieses Buch verfolgt einen anderen, überaus erfolgreichen Ansatz. Es hilft Ihnen, vor Ihren Handlungen zu erkennen, welche Aktion erfolgreich verlaufen wird und stellt Ihr Verhalten darauf ein. Denn jede Frau hegt bestimmte Vorstellungen eines Traummannes und ihrer sexuellen Wünsche. Sie werden derjenige sein, der dem Ideal der weiblichen Vorstellung nahe kommt – sehr nahe – jedenfalls nahe genug, um alles erreichen zu können. Gleichzeitig manipulieren Sie die Frau so, dass es ihr eigener Wunsch sein wird, von Ihnen und nur von Ihnen, verführt zu werden. Sie haben die Macht, die Frauen nach Ihren Wünschen zu lenken. Es wird Sie wundern, wie einfach dies doch im Grunde ist. Vorbei sind die Zeiten der unerfüllten Wünsche. Jetzt erlernen Sie spielend die Strategien für Ihren Sexerfolg! Bisherige Misserfolge rühren sicherlich daher, dass Sie mit einer falschen Sichtweise, der eigenen, das Problem „Kontakt" angehen wollten. In vielen anderen Bereichen des Lebens erkennen wir ganz automatisch die Notwendigkeit, aus der Sicht des Gegenspielers zu agieren. Kein Mensch würde auf die Idee kommen, einem Computer seine Verhaltensregeln aufbürden zu wollen. Vielmehr versuchen wir, in schier endlosem Erkunden der diversen Softwareprogramme die Art der Bedienung und Funktion herauszufinden. Stop!

Fällt Ihnen etwas auf? Auch Computer und die Software sind von Menschen gemacht. Dort erkennen wir zwangsläufig, dass sich die Gedankengänge, Reaktionen und Vorstellungen des Entwicklers – des Gegenspielers – keinesfalls mit den eigenen decken. So und prinzipiell nicht anders ist es auch menschlich. Nach der Lektüre dieses Buches, das ich gerne auch als Arbeitsmittel bezeichne, wird sich Ihr Liebesleben schlagartig verändern. Weil Sie wissen, worauf es in den diversen Situationen ankommt, wird es Sie begeistern, zu manipulieren und zu verführen. Sie sollten keinen schlechten Gedanken dabei finden, denn auch Sie werden ständig manipuliert! In der Arbeits- und Geschäftswelt, in der Politik und der Werbung genauso wie auf der Beziehungsebene. Jetzt jedoch, nehmen Sie die Möglichkeit der einfachen wie wirkungsvollen Verführung in die Hand. Und Sie erreichen alles, wovon Sie bisher nur geträumt haben.

Ich möchte Ihnen an dieser Stelle schon meinen Leitspruch mit auf den Weg geben, der lautet:

Der EINE träumt von Erfolg – der ANDERE macht ihn!

1.0 Träume und Visionen

Dies ist ein Buch für das Abenteuer – nicht mehr. Aber auch nicht weniger, denn es zeigt Ihnen, wie Sie mühelos eine Frau nach der anderen verführen. Sicher kennen Sie aus Ihrem Bekanntenkreis solche „Verführer". Oft höre ich dann Bemerkungen wie: „So schön ist der doch wirklich nicht. Würde mich interessieren, warum dem alle Weiber nachlaufen!" Hier beginnt schon eine wichtige Lektion:

Bestimmte Personen haben bei Frauen mehr Erfolg als andere, obwohl keine offensichtlichen Gründe dafür vorhanden sind. Bald sind Sie einer dieser Männer. Garantiert!

Sie träumen davon, Frauen in beliebiger Anzahl zu verführen und würden vermutlich gerne dieses Buch mit nur wenigen Blicken überfliegen, um sofort aktiv zu werden. Ich bitte Sie aber, alle Hinweise gewissenhaft zu lesen, da Flüchtigkeitsfehler sonst zur Schwächung Ihrer Erfolgsstrategie führen könnten. Es ist wie mit allem im Leben. Was vorher noch unerreichbar war, wird nach konkreten Hinweisen und Übungen kinderleicht.
Das Schöne daran: Das Üben macht mächtig Spaß!
Können Sie sich ein Thema vorstellen, für das Sie lieber üben möchten?
Dabei ist das Objekt des Experiments, die Frau, noch dazu in großer Menge vorhanden. Ich meine damit, dass anfängliches Zögern und daher verpasste Chancen, kein Problem sind. An der nächsten Ecke findet sich schon ein neues Versuchsobjekt. Sie sehen also, wie leicht es ist,

Perfektionist zu werden. Stellen Sie sich dagegen andere Gelegenheiten im Leben vor, die niemals wiederkehren. Nehmen wir an, Sie wären beim Millionenspiel im Fernsehen nahe daran, die Million in Euro mit nach Hause zu nehmen. Dann machen Sie einen einzigen, kleinen Fehler und der ganze Traum ist vorbei. Sie erhalten vermutlich nie mehr in Ihrem Leben die Gelegenheit, das Ratespiel von vorn zu beginnen. Sofern Sie sich in gut besuchtem Umfeld aufhalten, wird Ihnen aber nach kurzer Zeit wieder eine begehrenswerte Frau auffallen – als neues Ziel Ihrer Begierde.

2.0 Das Ziel festlegen

Diese Forderung ist der erste wichtige Handlungsschritt, bevor Sie mit der Ausführung beginnen. Das Thema wird daher im Laufe des Buches immer wieder aufgegriffen. Um etwas zu erreichen, benötigen Sie in allen Lebenslagen ein konkretes Ziel. Die meisten Männer jedoch gehen Ihren Eroberungswunsch ohne genaue Zielplanung an. Eine solche Planung ist aber von elementarer Wichtigkeit. Unter Ziel verstehe ich nicht die Wahl der Frau, sondern den Ablauf Ihres Abenteuers. Geübte Verführer verfeinern die Zielplanung aus Ihrer Erfahrung heraus und wählen die jeweils zum Frauentyp passende Planung aus. Die Strategiewahl hängt von den Zielen ab und ist meist in einer späteren Phase der Manipulation nicht revidierbar. Auch wenn Ihnen die Gründe erst im Laufe des Buches klar werden, sollten Sie dies jetzt schon als Tatsache akzeptieren.

2.1 Wie aggressiv hätten Sie es denn gern?

Sicher haben auch Sie schon die Geschichten über Typen gehört, die eine Frau ansprechen und schon nach 15 Minuten mit ihr heißen Sex erleben.
Gibt es so etwas, oder handelt es sich nur um Angeberei?
Ja, liebe Leser, das gibt es!
Hierzu gehört nicht nur, dass der Verführer die Regeln der Verführung optimal beherrscht. Es ist auch eine nicht unerhebliche Kraft der Manipulation dabei. Vor allem aber war es der geübte Blick des Verführers, vorab schon zu erkennen, ob die Frau für den Sofortsex geeignet ist. So konnte er vor dem ersten Kontakt seine Strategie festlegen.

2.2 Ansprechen – manipulieren – verführen

Dies, so trivial dies klingen mag, sind seit jeher die Grundsäulen der aktiven Eroberung. Und es wird sich auch die nächsten Jahrhunderte nichts daran ändern. Eine aktive Eroberung wird, wie ich immer wieder beobachten konnte, eklatant gesteuert. Von einem der beiden Partner und manchmal, als explosive Mischung, auch von beiden gleichzeitig.

2.3 Jeder möchte Steuern

Steuern ja, doch keiner weiß, wo das Lenkrad ist. So beobachte ich viele, die Partner suchen. Zwangsläufig häufen sich in diesem Fall die Misserfolge und eine entstehende Affäre ist eher zufällig.

Sicher ist es am einfachsten, wenn beide Personen dasselbe erreichen möchten. So ist es oft, wenn sich kontaktarme Frauen und Männer der Hilfe von Bekanntschaftsanzeigen, Internet-Flirtlines und anderen Möglichkeiten zur Vermittlung von Partnerschaften bedienen. Bei einem Treffen ergibt sich, oft schon in Sekunden, eine Übereinstimmung oder nicht. Sind sich die beiden auf Anhieb sympathisch, versucht jeder, daraus das Beste zu machen. Es wird meist unbeholfen begonnen, zu lenken und zu erobern.
Solches Verhalten konnte ich oft beobachten. Ich erinnere mich dabei immer wieder an ein Gespräch, das ich in einem Restaurant mithören konnte. Ständig interessiert an neuen Informationen verfolgte ich, wie zwei Menschen sich dort trafen und sich auf Anhieb gefielen. Jedenfalls hatten wohl beide für sich entschieden, dass mehr daraus werden sollte. Sie hatten sich scheinbar, wie auch immer, was mir verborgen blieb, zu einem Blind-Date verabredet. Keiner jedoch verstand es zu lenken. So entwickelte sich in beiden die Angst, es könnte nicht klappen und so redeten Sie ziellos über alltägliche, langweilige Themen ohne jeden Esprit. Mir wurde sehr schnell folgendes klar:

Wäre der Mann hier auf Eroberung, die Frau von aufgeschlossener Natur mit bestimmten Erwartungen, hätte die langweilige, ermüdende Art des Verführers keine Chance. Kein Wunder, dass die beiden sich irgendwelcher Hilfsmittel bedienen müssen, um Partner zu finden.

Um den Abend zu füllen, versuchte jeder, immer wieder ein weiteres (langweilendes) Thema zu finden, um den Redefluss nicht zu stocken und eine peinliche Ruhe einkehren zu lassen. Zudem erlaubte sich keiner, auch nicht ansatzweise, dem Gegenüber zu widersprechen. Es wurden stets Aussagen bejaht und bekräftig. Ich gebe Ihnen hier einige Teile des Gesprächs weiter:

Mann: "Ich bin vor einem Jahr umgezogen. Die Möbel habe ich noch lange nicht komplett. Ich besorge mir so langsam immer wieder ein neues Stück. Es fehlt noch viel, aber allmählich geht es voran. Ich denke, man muss nicht alles gleich haben."
Frau: „Das kann man ja dann auch so nach und nach erledigen. Das muss alles nicht gleich sein."
Bla ... bla ...

Frau: „Vorübergehend bleibe ich mal da. Ich werde schon mal eine andere Stelle finden. So einfach ist das ja wirklich nicht. Man muss schon froh sein, wenn man eine Arbeitstelle hat. Für immer möchte ich aber nicht so viel Zeit auf dem Arbeitsweg verlieren. Und die Bahnfahrt ist wirklich nicht gerade billig."
Mann: „Ja, da haben Sie schon recht. Es ist wichtig, dass man was hat. Später wird man dann sehen, ob man was besseres findet. Dann kann man immer noch wechseln. Bahnfahren ist wirklich teuer, das habe ich auch schon bemerkt."

Frau: "Dieses Jahr war ich nicht in Urlaub weg. Schade, dass der Sommer nicht so besonders war. Kann man halt nichts machen."

Mann: „Mehrere Wochen schön war's eigentlich nie. Letztes Jahr war es schon im März schön. Vielleicht haben wir jetzt im September noch ein paar schöne Tage."

Ich möchte Sie nun nicht mehr länger langweilen, denn dieses Gespräch zog sich hin. Wortwiederholungen, gleiche Aussagen, Sätze ohne Inhalt. Entschuldigen Sie, aber der Mann war in meinen Augen ein Anzug ohne Inhalt. Die Frau eine Baldrian zum einschlafen, auch wenn man daneben liegt. Teilweise wirkten die Akteure sogar etwas absent.

Irgendwann hat man sich nach langweiliger Vorrede sogar auf ein „Du" geeinigt:

„Ich bin der Meinung, dass wir dass „Sie" beiseite lassen könnten und uns mit „Du" ansprechen sollten." So gesagt, so bejaht, so getan.

Mal ehrlich. Wie geht es Ihnen? Wie wirken auf Sie solche Gespräche? Ich hätte diesen Dialog nicht lange ausgehalten und das Weite gesucht. Der einzige Umstand, der dies verhinderte, war die Tatsache, dass beide unbedingt einen Partner finden wollten. Dass sie bisher keinen fanden, erscheint mehr als logisch. Zu viele Fehler im Aufbau führen zwangsläufig zum Scheitern eines Vorhabens. In allen Lebensbereichen, so auch bei der Partnersuche. Wie hätten die Teildialoge denn aussehen können, um sich positiv zu verkaufen?

In etwa so:

„Ein Jahr ist es her, dass ich umgezogen bin. Fühl mich super in der neuen Wohnung. Es macht mir Spaß, sie nach meinen Designwünschen einzurichten"
„Na, in welche Richtung gehen denn so Ihre Designwünsche. Erzählen Sie mal was ..."

„Hab' derzeit einen langen Arbeitsweg. Nervt tierisch. Darum bin ich sehr aktiv, mich nach einem neuen Job umzusehen. Wird kein Problem sein, qualifizierte Leute sind noch gesucht ..."
„Ja, Sie machen auch einen aktiven Eindruck auf mich. Ich sehe, Sie packen's auf Anhieb. Super".

Das Wettergeplänkel lässt sich nicht aufpeppen und ist bestenfalls für den Kaffeenachmittag im Altenheim geeignet!
Welche Art von Gespräch gefällt Ihnen besser?
Welche Unterhaltung erzeugt ein Gefühl von großer Lebensfreude?
Persönlich hätte ich vorteilhaft sofort das vertrauliche „Du" angesteuert: „Du machst einen sehr jugendlichen Eindruck, daher spare ich mir das „Sie" gleich mal!"
Falls es sich um ein wirklich junge Frau handelt, passt ohne Angabe von Gründen ein sofortiges „Du"!

Etwas mehr Esprit als die beiden Personen im Restaurant sollten Sie jedenfalls schon zeigen.

Affären entstehen nicht – sie werden gemacht!

3.0 Wünschen entsprechen

Auch wenn es nur für einige Tag oder noch kürzere Zeit ist: Was Frauen möchten, ist ein humorvoller, agiler Mann mit Lebenslust. Trantüten haben keine Chance.

Sie müssen der begehrenswerte Mensch sein!
Strahlen Sie Freude aus, als hätten Sie einen Hauptgewinn in der Tasche!

Liebe sucht nach glücklichen, individuellen Personen. Strahlen Sie Lebensfreude aus. Menschen lieben immer das, was Sie nicht haben. Zeigen Sie, dass Sie ein lebensfroher, aktiver Mensch sind, der das Leben sprichwörtlich mit der „linken Hand" meistert.

3.1 Warum sind die Animateure an Urlaubsorten bei Frauen so beliebt?

Sie leben genau so, wie die Frauen ebenfalls gerne ständig leben würden. Immerzu Sonne, Strand und Spaß. Immer „Gute Laune", im Blickpunkt der Menge glänzen, Freude verbreiten und notwendige Arbeit mit Urlaub verbinden.
So ist es auch bei den Skilehrern, Surflehrern und vielen anderen, fast sinnlosen Berufen. Entweder es ist die Leistung oder die Lebensart, die Frauen imponiert. Leistung können Sie auch suggerieren, Lebensart müssen Sie zeigen. Die Umsetzung von Lebensart ist daher für Anfänger etwas schwieriger.

Es sind Träume und Hoffnungen, die seit jeher die Menschen zu gefühlsmäßigen Wallungen verleiten!
Sie müssen also nicht etwa überdimensionales leisten, sondern nur bestimmte Gedanken und aufkeimende Wünsche erzeugen!

3.2 Popstars

Früher arbeiteten sich junge Leute mit Talent in kleinen, selbstgegründeten Musikgruppen nach oben. Heutzutage werden Popstars gemacht. Künftige Mitglieder von Popgruppen werden aus Tausenden von Bewerbern nach den Vorstellungen der Produzenten und Manager ausselektiert. Sie kennen diese neuen Gruppen. Alle Girls sind etwa gleich alt, eine gewollte Mischung diverser Typen, damit auch jeder Boy sein Traumgirl findet und so der Erfolg keine offene Frage bleibt. Gepuscht mit den passenden Songs, knapper Bekleidung und erotischem Tanz stellt sich die Resonanz ein, die zu erwarten war.
Die jungen Akteure solcher Gruppen können sich vor eindeutigen Angeboten sexueller Art kaum retten, denn sie sind nun wiederum das geworden, was andere gerne wären. Es handelt sich um imaginäre Träume ...

3.3 Zuneigung ist egoistisch

Der selbe Mensch kann erfolgreich oder auch erfolglos, begehrt oder unwichtig sein. Alles hängt davon ab, was für Träume und Hoffnungen durch sein Verhalten in den Gedanken des anderen geweckt werden. Niemand verbringt gemeinsame Zeit mit einer anderen Person, sofern er sich nicht einen eigenen Vorteil davon verspricht. Und sei es nur der, sich in Gegenwart dieser Person gut zu fühlen oder Hoffnungen zu verspüren, die eine positive Stimmung vermitteln.

Es klingt zwar erratisch, aber es ist so:
Keine Frau schenkt Ihnen Zeit, wenn sie sich selbst nicht etwas davon verspricht. Eine positive Veränderung in ihrem Leben, einen schönen Tag, ein angenehmes Gefühl, beglückende Stunden oder nicht selten auch materielle Vorteile.

Im Blickfeld dieser Tatsache spielen Sie Theater wie ein Vertreter, der seinen Kunden immer wieder erklärt, welche Vorteile seine Ware hat und welchen Nutzen der Anwender daraus ziehen kann. In der Hoffnung, sein Leben mit dieser Ware zu erleichtern, zu verbessern oder zu verschönern, kauft der Kunde bereitwillig. Oft sind dies Dinge, welche mehr Hoffnungen hervorrufen als das Leben damit tatsächlich zu erleichtern.

4.0 Frauentypen erkennen

Als Anfänger sind Sie blind für diese Begabung, da Ihnen die notwendige Erfahrung fehlt, wie die Frauen auf Ihre neuen Eroberungstaktiken reagieren ...

4.1 Raster der Erfahrung

Schon bald, nach durcharbeiten des Buches, nach üben und testen der eigenen Methoden werden Sie zum Profi. Sehen Sie dann eine Frau, laufen in Ihrem Gehirn Vergleichsmuster ab. Sie erkennen, in welches Raster sie passt, wie sie auf den ersten Blick aussieht, sich bewegt, sich gestylt und geschminkt hat. Ihre Kleidung ist für Sie ein offenes Buch ihres Charakters. Die Bewegungen, ihr Lachen, die gesamte Mimik, Haut- und Haarfarbe sowie viele andere Eigenschaften helfen Ihnen, den Typ festzulegen. Sie spüren es sogar. Sie profitieren von jeder Erfahrung, die Sie schon mit den diversen Frauentypen gemacht haben.

Dann sind Sie soweit, vorab schon kalkulieren zu können, wie die Frau reagieren wird. Schon zu ahnen, wie Sie verführt werden kann. Wie lange es dauern wird, bis das Ziel erreicht ist.

4.1.1 Da geht was

Frauentypen können also eingeordnet werden.

In Anbetracht dieser Tatsache verwundert es Sie nicht mehr, dass geübte Verführer schon beim beobachten einer Frau erkennen, was für Chancen sich ergeben werden.

„Die ist geil!", sind markante Aussprüche oder auch: „Bei der geht nichts!"

Die Geheimnisse und Gründe dafür kann ich Ihnen hier nicht niederschreiben. Alle Versuche meinerseits, dies verständlich zu erläutern, sind bisher fehlgeschlagen und es ist im Übrigen auch nicht notwendig. Dieses Gefühl entwickelt sich auch bei Ihnen von selbst. Es ist das Gesamtbild der Frau, das Sie schon bald zu deuten wissen. Vielleicht gelingt es Ihnen eines Tages, diese „Einsicht" schablonenartig erfassen und beschreiben zu können. Diese Schablone wird dann aber wiederum nur zu Ihnen passen, denn die Reaktion der Frau hängt ganz eklatant vom Verhalten des Mannes ab.

4.1.2 Verhalten anpassen

Nach taxieren der unbekannten Frau, kalkulieren Ihrer Möglichkeiten und kalibrieren Ihrer Strategie, verfolgen Sie umgehend bestimmte Erwartungen.

Sie selbst entscheiden, ob Sie in reißerischer Art vorgehen oder auf die sanfte Tour. Ob Sie manipulieren wie ein Weltmeister oder alles, wenn auch von Ihnen gelenkt, in Ruhe und Gelassenheit ablaufen lassen. Nicht nur die Zeit bis zur Verführung ist wichtig, sondern vor allem die Frage:

Was kommt danach? Kommt überhaupt noch was?

5.0 Zeitfaktor der Beziehung

In den nachfolgenden Beschreibungen beginne ich mit der Erläuterung diverser Zeitfaktoren, die zur Entscheidung stehen und im Laufe des Buches getrennt behandelt werden, da verschiedene Verhaltensweisen hierfür notwendig sind. Ich bitte Sie, alle Abhandlungen zu lesen. Zur Vermeidung von Wiederholungen bauen die Kapitel aufeinander auf. Zudem sollten Sie über richtige und auch falsche Verhaltensweisen zu den Zeithorizonten informiert sein.

5.1 Die Frauen werden auf mich fliegen

In diesem Buch geht es um rasante Methoden. Kleine, fiese Tricks, Schwindeleien, Manipulation in Wort und Tat sind ebenso erlaubt wie Geheimnisse. Ich werde Sie in die Lage versetzen, eine Frau, die Sie sehen und begehren, mit höchstmöglicher Trefferquote zu verführen. Vergessen Sie die vielzitierten, üblichen Verhaltensfloskeln und Anstandsregeln.

Wenn Sie die Strategien dieses Buches befolgen, wird die Frau Sie begehren, selbst wenn Sie Ihr nicht in die Jacke helfen, sondern diese nur zuwerfen mit dem Satz: "Hier, schnapp Dir deine Jacke" oder gar „Bring doch meine Jacke auch gleich mit ..."
Sicher ist auch Ihnen schon aufgefallen, dass die typischen Verführertypen die Frauen nicht mit Honigworten überhäufen!

5.1.1 Das kurzfristige Ziel

One Night?
Eine Frau für einige Stunden oder eine Nacht? Das gehört sicherlich zu den unbestritten kurzfristigen, aber sehr aufregenden Experimenten. Unter bestimmten Vorraussetzungen kann eine als „kurze Beziehung" geplante Aktion etwas ausgedehnt werden, jedoch lässt sich damit keine langfristige Liebschaft aufbauen. Warum nicht?
Die superschnellen Methoden, die ich Ihnen zeige, beinhalten Tricks, die nach tieferer Einsicht der Frau, als Problem wirken könnten. Planen Sie dieses prickelnde Erlebnis und Sie werden es kaum glauben können, zu welchen Abenteuern Sie fähig sind. Ein interessantes, turbulentes Leben liegt vor Ihnen. Nehmen Sie dies als Herausforderung an!

5.1.2 Mittelfristige Beziehung

Der Gedanke, eine bestimmte Zeit mit der selben Frau zu verbringen oder nur zeitweise, für bestimmte Tage oder Wochen, setzt ganz andere Manipulationsmethoden voraus und ist mit anderen Mitteln zu verwirklichen. In diesem Fall sollten Sie sich jedoch schon zu Beginn Ihres Handelns darüber klar werden, dass genau dieser Zeitfaktor Ihr Wunschziel ist und nicht etwa eine langjährige Beziehung mit einem gemeinsamen Lebensweg und Wohnbereich, genauso wenig wie der „Heiße Flirt" für eine Nacht.

5.1.3 Langfristige Beziehung

Planen Sie gar eine langfristige Beziehung, gibt es auch hier Regeln der Manipulation die Sie, wenn auch auf weniger aggressive Weise, zum Erfolg führen. Während eine solche Strategie meist vom Beginn bis zur Verführung wesentlich mehr Anstrengung (und Ehrlichkeit) erfordert, lässt diese doch die Zukunft in weitem Umfang offen. Eine Manipulationsaktion, die auf nur eine Nacht zugeschnitten ist, macht eine längerfristige Beziehung aus psychologischer Sicht eher unwahrscheinlich.

Die Verwirklichung einer langfristigen Beziehung wird für Sie als Leser dieses Buches, zu gegebenem Zeitpunkt kein Problem sein. Sie werden so viel Erfahrungen gesammelt, Selbstvertrauen und Charme entwickelt haben, dass Sie durch Manipulationsmethoden, die keine Schwindeleien beinhalten, langfristige Beziehungen aufbauen und erhalten können. Es gibt jedoch nur wenige Männer die, sofern einmal zum Frauenheld aufgestiegen, in eine langfristige Beziehung wechseln.

5.2 Der Akteur bestimmt Zeit und Ablauf

Da die verschiedenen Zeitfaktoren auch den Grad der Schwierigkeit bestimmen und diese mit ansteigendem Zeitfaktor stetig zunimmt, sollten Sie sich zunächst auf Flirteinlagen und kurzfristige Abenteuer konzentrieren. Dies wird Ihnen außerdem ein so immens großes Selbstvertrauen einbringen, dass es künftig leicht sein wird, in allen Beziehungsebenen zu glänzen.

Sie sollten sich der Gefahr bewusst sein, dass Sie vermutlich mehr und mehr zu kurzfristigen Affären neigen werden, je einfacher es für Sie ist, die Frauen zu verführen. Schon deshalb empfehle ich Ihnen, damit zu beginnen und es ist sehr wahrscheinlich, das Sie dabei bleiben werden. Welcher Mann träumt nicht davon, attraktive Frauen reihenweise zu verführen?

6.0 Die Selbsterkennung. Wer bin ich?

Vor dem Angriff auf das Objekt „Frau" sollten Sie sich selbst fragen, wer Sie eigentlich sind.
Was für ein Typ „Mann" sind Sie denn?

Lesen Sie die nachfolgende Punkte durch. Beurteilen Sie spontan und ehrlich eine Übereinstimmung:

- Ich entspreche körperlich durchaus den Wunschbildern der Frauen.

- Ich habe einen Blick, der Frauen verführen kann.

- Ich bin schlagfertig.

- Ich bin ein wenig arrogant, aber ohne es deutlich zu zeigen.

- Ich bin finanziell gut gestellt.

- Ich bin großzügig.

- Ich bin humorvoll und spontan.

- Ich kann Wünsche von den Augen ablesen.

- Ich kann schon mal ein wenig aufschneiden.

- Ich betrachte die Frauen als Spielzeug für Männer.

- Ich bleibe locker und gelassen, wenn eine Frau mich anspricht.

- Ich habe kein Problem, fremde Frauen anzusprechen.

- Ablehnung betrachte ich als Herausforderung.

- Ich kann mir eine Welt ohne Frauen nicht vorstellen.

- Ich habe schon Manipulationstechniken erfolgreich erprobt.

Je mehr Zustimmungen Sie geben konnten, je näher sind Sie heute schon am Ziel Ihrer Wünsche.

6.1.1 Sie sind wirklich unvollkommen!

Ist es nicht eine unverschämte Behauptung von mir, Sie als „unvollkommen" abzustempeln, obgleich ich Sie doch gar nicht kenne?
Nein, das ist es nicht, denn Sie sind es: Unvollkommen. Ich weiß es. Denn jeder Mensch ist unvollkommen. Sie, ich und all die anderen. Warum also sollten nicht gerade Sie die Frauen verführen?
Was spricht nach Ihrer Meinung dagegen?

Schreiben Sie alle Merkmale auf, die sich nach Ihrer Ansicht nachteilig auswirken könnten!

6.1.2 Barrieren überwinden

„Ich bin nun wirklich benachteiligt", glauben Sie vielleicht zu wissen und das mag in einem oder mehreren Kriterien auch stimmen. Vielleicht sind Sie zu klein und schon ziemlich alt. Ihnen fehlen die Haare, Geld oder Mut. Egal was Sie für eine Barriere sehen, für Ihr Ziel, erfolgreich Frauen verführen zu können, stellt dies keinen Grund zur Resignation dar. Sie haben hier keines der Bücher vorliegen, das Ihnen vorgaukelt, es gebe keinen Unterschied, ob Sie klein und dick, oder groß und schlank sind. Der eine hat den flachen Waschbrettbauch, der andere die Kugelform als Vorraussetzung.
Die Realität ist eindeutig:

Es macht einen Unterschied!

Andererseits ist dieses Buch aus der Praxis geschrieben, aus tatsächlich erlebten und erprobten Methoden. Hunderte Männer vor Ihnen, die alle auf jeweils andere Art unvollkommen Waren, sind zu erfolgreichen Verführern geworden.

Handicaps, imaginär oder wirklich vorhanden, sind Hürden, die Sie nicht daran hindern, ein glänzender Verführer zu werden.

6.2 Das Leistungspaket

Stellen Sie sich eine erfolgreiche Firma vor, die ein
Produkt herstellt. Die Planung des Erfolgs besteht aus
einer ganzen Reihe von Komponenten, die ein möglichst
schlagfertiges Paket ergeben sollen. Es genügt nicht, nur
ein Produkt herzustellen, das den Entwicklern selbst
gefällt. Es gibt oft Hunderte, gar Tausende von
Forderungen, die möglichst optimal erfüllt werden
sollen. Hier nur einige wenige, die allgemeinverständlich
sind:

- Leistungsfähiges Produkt

- Wünsche der Verbraucher treffen.

- Situation der Konkurrenten analysieren

- Produkt muss sich von anderen positiv abheben

- Absatzmenge kalkulieren

- Werbeetat planen

- Werbung muss Einzigartigkeit suggerieren

- Werbeauftritt muss Wünsche erzeugen

- Werbebotschaft muss stetig wiederholt werden.

- Der Verbraucher soll einen Nutzwert erhalten.

- Der Käufer erhofft sich durch den Erwerb eine Verbesserung seiner Lebensqualität

Es gäbe viele weitere, wichtige Ansatzpunkte. Da ich seit 1984 selbstständig bin, kenne ich die Regeln der Wirtschaft. Aus diversen Produktbereichen weiß ich, dass es teilweise Leistungsforderungen gibt, die oft sogar unverständlich erscheinen und dennoch sehr wichtig sind.

6.2.1 Konkurrenz in allen Bereichen

Stellen Sie sich vor, der Firma X besitzt nicht das Know-how, wirklich das beste Produkt herzustellen. Außerdem verfügt sie nicht annähernd über die finanziellen Mittel der Konkurrenten. Somit kann Sie nur einen Bruchteil des üblichen Werbeetats einplanen. Das weiß die Firma X sehr genau und es lässt sich nichts daran ändern.

Gibt die Firma X wirklich kampflos auf und überlässt den anderen das Feld?

Was macht die Firma X, um ihr Produkt erfolgreich am Markt zu platzieren?

Was würden Sie der Firma X raten?

Hat sie überhaupt eine Chance, wo sie doch in diversen Dingen sehr benachteiligt ist?
Ja, die Firma X hat eine Chance, aber welche?

Sehen wir uns die Firma Y an. Diese wird zur gleichen Zeit ein ähnliches Produkt auf den Markt bringen. Sie möchte damit dieselbe Zielgruppe erreichen wie Firma X. Firma Y aber verfügt über größere finanzielle Mittel, hat ein größeres Berater- und Entwicklerteam und mehr Geld für Werbung eingeplant. Zudem hat die Firma Y bereits andere Produkte am Markt, ist bekannter und der Verbraucher weiß, das deren Produkte recht gut sind.

Verzeihen Sie nochmals die Frage:

Hat die Firma X hat eine Chance?

Die Antwort ist eindeutig und logisch:
Ja, die Firma X hat eine Chance. Sofern Sie nicht der geborene Pessimist sind, haben Sie, konfrontiert mit obiger Frage, ebenso geantwortet.

Firma X hat eine Chance, warum auch nicht. Stellen Sie sich vor, dass stets nur die Firma mit den besten Vorraussetzungen jemals in Erwägung ziehen würde, erfolgreich ein Produkt zu platzieren. Die Folge wäre, es gäbe kaum Erzeugnisse an den Weltmärkten, weil jedes Unternehmen, das nicht zur Weltführung zählt, den Kopf in den Sand stecken würde. Stellen Sie sich weiter vor, dass die Firmen über Ihre Nachteile im Vergleich zur Firma A,B,C,D,E,F,G ... nachdenken würden und zu dem Schluss kommen, benachteiligt zu sein und daher nie einen Erfolg verzeichnen könnten.

Firma X wird also all ihre Nachteile kennen, ja kennen

müssen, um erfolgreich zu sein. Das Team von X wird darüber nachdenken, wie ein Leistungspaket geschnürt werden kann, das einzigartig ist. So ist es doch nicht nur wichtig, wie oft eine Fernsehwerbung erscheint. Im Gedächtnis allein bleibt eine herausragende, pfiffige Werbung, die ein positives Gefühl beim Verbraucher erzeugt. Einzigartigkeit ist in der Werbebranche gefragt. Lifestyle, Design, Erotik und das Erzeugen von Hoffnungen sind derzeit trendy. In vielen Fällen ist das Design, die „Verpackung" für den Verbraucher wichtiger als der Inhalt.

Die Firma X wird erfolgreich, weil ihr die eigenen Nachteile bekannt sind. Es wird sich um ein Leistungspaket handeln, um ein Gesamtkonzept, das so positiv wirkt, dass die negativen Punkte untergehen. Das Gesamtangebot, das clever geschnürte Leistungspaket, bestehend aus der Vielzahl von einzelnen Forderungen, wird mit Firma Y konkurrieren können und müssen.

6.2.2 Warum sollten Sie keinen Erfolg haben?

Vielleicht reden Sie sich nur ein, in bestimmten Dingen benachteiligt zu sein. Eventuell legen Sie auch zu hohe Maßstäbe an. Egal, selbst wenn Sie aus objektiver Sicht in der einen oder anderen Eigenschaft nicht übervorteilt sind, kommt es darauf nicht an.
Und benachteiligt sind Sie sowieso, wie bereits angesprochen. In jedem Fall. Warum? Keiner hält sich selbst für perfekt und keiner ist es!

Wer Ihnen als ideal erscheint, versteht es nur glänzend, Sie nichts davon merken zu lassen. Sie einzuwickeln in das abgestrahlte Selbstbewusstsein. Sie zu täuschen. Schwächen zu überspielen. Eine häufige Methode solcher Menschen ist es auch, andere „klein zu manipulieren", um eigene Größe aufzubauen.

6.3 Seht her, ICH bin hier!

Ich nehme jetzt nicht an, dass Sie unter einem massiven Mangel an Selbstbewusstsein leiden. Ich denke, dann wären Sie dermaßen demotiviert, dass Sie auch dieses Buch nicht gekauft hätten. Sie wissen sich selbst sehr wohl zu schätzen. Sie sind eine Persönlichkeit. Aber zeigen Sie das den anderen auch?
Dies habe ich schon viele Männer gefragt. Die Antworten darauf waren vielfältig. Inhaltlich deckten sich diese wie folgt:

- Ich glaube, ich kann das nicht so zeigen.

- Ich bin auch was, ohne dass ich es zeige.

- Ich kann es nur zeigen, wenn ich mich auch überlegen fühle.

- Ja, ich denke schon, dass andere das bemerken und ich muss es nicht zeigen.

- Ich hasse Angeber.

- Nein, muss ich denn das groß rausstellen?

- Mir sind die Menschen lieber, die nicht so protzen!

- Ich bin ja auch nichts besonderes!

Wie Sie selbst feststellen, handelt es sich insgesamt um unschlüssige Antworten oder um konkrete Ablehnung meiner Forderung, es offenkundig zu zeigen, dass man eine selbstbewusste Persönlichkeit ist.
Die Ursache war, dass ich aufgrund der Fragestellung missverstanden wurde. Unter dem Slogan:
„Zeige, wer Du bist",
verstehe ich kein Brüsten und Angeben. Ich spreche jetzt von Ihrem eigenen Charakter und nicht von einem strategischen Verhalten gegenüber Frauen. Doch auch der Erfolg bei Frauen hat damit zu tun, sich im täglichen Leben „aufrecht" zu bewegen.

6.4 Beruf und privat – der selbe Mensch

Denken Sie nur einmal an das Berufsleben. Auch dort bekommen nicht immer die qualifiziertesten Leute auch die besten Jobs und umgekehrt.

Herr Meier bewirbt sich um eine Stelle bei Herrn Konrad, einem Inhaber eines großen Fachbetriebes für Heizungstechnik. Leider ist Herr Meier nicht der einzige Bewerber. Herr Fink ist ähnlich qualifiziert und sogar einige Jahre jünger. Scheinbar sind beide Teilnehmer für die Stelle als Projektleiter bestens geeignet. Herr Konrad fällt deshalb die Entscheidung schwer. Er entschließt sich, mit beiden Anwärtern ein längeres Gespräch zu führen und auch die Pläne für einen demnächst laufenden Großauftrag durchzusprechen.

Herr Fink ist sein erster Gesprächspartner. Der freundliche Bewerber bekräftigt, dass er sich größte Mühe geben möchte, seinen Anforderungen gerecht zu werden. Das Gespräch verläuft angenehm. Herr Konrad zeigt ihm die Pläne über das Fernheizkonzept eines Industriegebiets, das demnächst verwirklicht wird und dessen Aufwand auch die Tatkraft des künftigen Projektleiters erfordert. Herr Fink betont, dass er qualifiziert genug dafür ist und sein Bestes geben werde. Herr Fink sieht sich interessiert die Pläne an und bedankt sich schließlich, dass er für ein so großes Projekt eingesetzt werden soll.
„Ich freue mich auf eine gute Zusammenarbeit. Es wäre schön, wenn ich für Sie tätig werden dürfte!"
Herr Konrad hat einen guten Eindruck von Herrn Fink.

Nach einer freundlichen Verabschiedung kommt Herr Konrad mit Herrn Meier, seinem zweiten Favoriten, ins Gespräch. Herr Meier bekräftigt, er freue sich schon auf diese neue Herausforderung und werde sofort eine gute, effektive Teamarbeit organisieren. Er habe vor, die fachliche Qualifikation sämtlicher Mitarbeiter eingehend zu prüfen und zu berücksichtigen, um jeden einzelnen Mann wirklich optimal und gewinnbringend einzusetzen.

Herr Konrad zeigt ihm die Pläne des Fernheizprojekts. Herr Meier ist interessiert und stellt sofort einige Fragen über die kalkulierte Dauer der Ausführung. Herr Meier bespricht das Projekt so angeregt, als wäre er für die Überarbeitung der vorläufigen Pläne zuständig und bringt in bestimmten Bereichen wichtige Verbesserungsvorschläge an. „Die Steigleitungen in den Häusern sind mit 24 mm zu knapp dimensioniert. Das erfordert eine zu große Pumpleistung. Ich werde auf 30 mm erhöhen, was sogar eine Kosteneinsparung zur Folge hat, da die Pumpen kleiner dimensioniert werden können. Zudem ist die Geräuschentwicklung geringer."
Solche und weitere Details führen dazu, dass Herr Konrad geradezu verblüfft ist.
„Ich bitte Sie, mir eine Kopie anfertigen zu lassen, ich möchte die Pläne umgehend überarbeiten. Es liegt an Ihnen, ob ich sofort oder erst Montag in einer Woche bei Ihnen anfange. Um die Termine einzuhalten, wäre es aber wichtig, gleich nächste Woche zu beginnen!"
Wie automatisch willigt Herr Konrad ein und bittet Herrn Meier, die Stelle sofort zu übernehmen.

Herr Meier und Herr Fink sind qualifiziert. Während Herr Fink nur die Botschaft vermittelt, er werde sich bemühen und sei geeignet, geht Herr Meier mehrere Schritte weiter und manipuliert Herrn Konrad mehrfach. Er stellt ohne Zweifel fest, dass er der „Mann" für diese Projektleiterstelle ist. Er greift in das wichtige Projekt ein, benimmt sich so, als sei er schon angestellt. Diverse logische Anmerkungen und mehrere kostensparende Verbesserungen erklärt er klar verständlich und mit

Nachdruck. Er stellt sich sofort als idealer „Partner" von Herrn Konrad und auch zu allen Mitarbeitern heraus, die er selektiv einsetzen möchte. Als Herr Konrad genügend manipuliert ist, stellt er umgehend die Dringlichkeit seines sofortigen Einsatzes in den Vordergrund. Er lässt keine Zweifel an einer positiven Entscheidung erkennen. Herr Konrad willigt bereitwillig ein. Zu groß waren die suggerierten Vorteile, zu nachhaltig die Methoden der Manipulation. Später wird sich Herr Konrad selbst wundern, wie schnell er zugesagt hat. Er ist sich aber dennoch sicher, die richtige Entscheidung getroffen zu haben. Die Manipulation wirkt weiter.

Es gibt sicher zahlreiche Fälle in Ihrem Leben, als Sie deutlich schneller, ungewohnt oder gar entgegengesetzt handelten, weil Sie den Kräften der Manipulation erlegen waren. Es gilt, solches Verhalten zu erkennen, zu steuern und zu seinem eigenen Vorteil zu nutzen.

Beruflich wie privat ist es eine unabdingbare Vorraussetzung, seine Fähigkeiten präsentieren zu können. Auch hinsichtlich der Frauen hilft es Ihnen nicht zu warten, bis die Dame Ihre Vorteile irgendwie erkennt. Dann werden Sie sofort von einem Nebenbuhler aus dem Feld geschlagen, der es besser versteht, sich ins „Rechte Licht" zu setzen. Unabhängig davon, ob ihm dies zusteht.

7.0 Zeigen Sie, dass Sie hier sind

Es bedarf keiner Angeberei, um sich überhaupt zu einem aktiven, interessanten Menschen zu machen. Solche Grundregeln des Erfolgs sind noch keine Tricks, die ich Ihnen später noch verraten werde. Nehmen wir mal an, Sie haben Ihren Führerschein verloren. Sie müssen selbst zum Ordnungsamt. Sie wissen nicht genau, welcher Schalter dafür zuständig ist und stellen sich daher in eine Reihe, die vor dem Schalter „Ausgabe Führerschein" wartet. Nach 23 Minuten sind Sie endlich dran. "Entschuldigung Sie bitte, ich habe meinen Führerschein verloren. Bin ich bei Ihnen richtig, einen Neuen zu erhalten?"
Wie glauben Sie, wird sich die Dame verhalten?
Jeder Mensch strebt nach Macht. Sie haben sich mit Ihrer Art sehr klein gemacht, eine ideale Gelegenheit für die junge Frau am Schalter, Macht zu beweisen:
„Na, so einfach geht's ja wohl nicht. Erst mal schnell den Führerschein verlieren und dann bei mir an der Ausgabe einfach mal einen Neuen holen. Da müssen Sie erst mal eine Verlustbescheinigung einreichen und was weiß ich alles. Hier sind Sie jedenfalls falsch ..."
Demotiviert überlassen Sie dem Nächsten den Schalter und denken sich:
„Gott, hört sich recht kompliziert an und jetzt habe ich vergessen zu Fragen, wo ich so eine Bescheinigung bekomme."

Sie hätten aber auch auf ganz andere Weise verfahren können. Anstatt zu warten, wären Sie zum Schalter gegangen, hätten sich bei dem ersten Wartenden mit den Worten entschuldigt:

„Ich muss nur mal fragen, wo ich hin muss. Falls ich hier richtig bin, stelle ich mich hinten an!" Mit der jungen Dame konfrontiert, wäre ein Lächeln angebracht mit den Worten:

„Hallo, junge Frau. Leider hab ich zum ersten Mal meinen Führerschein verloren, aber ich finde es lieb, dass Sie mir sagen, was zu machen ist."

Eine folgende Reaktion ist wahrscheinlich, denn Sie haben die Komplimente „jung und lieb" benutzt:

„Na, da gehen Sie erst mal rüber zu Zimmer 411, Herrn Brandmeier. Es gibt leider erst einigen Formularkram zu erledigen, bevor es einen neuen Führerschein gibt ..."

„Danke, tschüss dann"

Leider gibt es in solchen Ämtern vereinzelt sogar Damen und Herren, die auch bei dieser Freundlichkeit Ihre Macht ausüben möchten. Dem ist dann zu begegnen:

„Hören Sie mal, junge Frau. Ich habe noch nie zuvor meinen Führerschein verloren und es gehört nicht zu meiner Lebensaufgabe, automatisch zu wissen, was ich in diesem Fall machen muss. Ich weiß nur, dass Sie hier sitzen, um freundlich zu sein und zur Abwicklung beizutragen. Wenn Sie mir nun bitte umgehend genau erklären, was zu tun ist, damit die Personen hinter mir anschließend freundlich von ihnen weiter bedient werden können."

Weisen Sie die Person also, sofern Sie abwertend behandelt werden, auf Ihre Pflichten hin.

Egal, bei welchen Gelegenheiten des Lebens Sie sich präsentieren werden. Sie sollten nicht denken:
„Ich hoffe, dass es irgendwie klappt",
sondern selbstbewusst:
„Ich werde dafür sorgen, dass es klappt."
Das ist auch bei den Frauen der „Erste Schritt" zur Verführung!

7.1 Hemmungen

Gehören Sie zu den Männern, die lange zögern? Ich weiß von vielen Männern, dass der Mut fehlt, Schritte zu tun, deren Entwicklung nicht eindeutig vorbestimmt werden kann. Nehmen wir an, Sie sehen eine begehrenswerte Frau, wo auch immer. Sie möchten diese gerne ansprechen, zögern aber dann aus diversen Gründen:

- Ich weiß nicht, wie sie reagiert.

- Ich muss erst genau überlegen, was ich sage.

- Ich muss erst klären, ob sie allein hier ist oder ein Freund auftaucht.

- Habe keine Ahnung, wie ich Kontakten soll.

- Sie wird denken, ich quatsche sie blöd an.

- Ich bin zu unsicher und nervös!

- Wenn ich was gesagt habe, selbst wenn es positiv ankommt, was mache ich dann?

- Was will ich überhaupt?

- Ich glaube, da habe ich keine Chancen.

- Vielleicht hören es auch andere Menschen und ich mache mich lächerlich.

- So wie die aussieht, hat sie bestimmt längst einen Freund!

So kommt es, dass die Frau schon wieder weg ist und die Gelegenheit verpasst. Nicht selten trösten sich die Männer mit den Gedanken: "Bei der hätte ich keine Chancen gehabt!"
Dies ist nur eine Rechtfertigung für sich selbst und hilft Ihnen nicht weiter.
Es ist im Leben wichtig, innerlich zu allen Fehlern zu stehen. So erkennen Sie bitte, dass Sie nicht mutig genug waren und denken Sie deshalb: "Das war eine schwache Leistung von mir. Nächstes Mal packe ich es aber!"

Eine verpasste Gelegenheit!
Schlimm?
Nein, das nicht, aber schade.
Schade deshalb, weil Sie es nicht versucht haben. Jeder noch so kleine Versuch bedeutet, einen wichtigen Schritt zum erfolgreichen Verführer zu gehen. Es ist wie mit allem im Leben: Nur wer es anpackt und fleißig übt,

kommt zum Erfolg. Und dann wird es mit einem Mal so einfach, dass man sich selbst wundert, die Fähigkeit nicht eher erlangt zu haben.

Um Hemmungen zu überwinden, ist es wichtig, sich das Schlimmste vorzustellen, was passieren könnte. Sofern Sie sich damit auseinandersetzen können, gibt es keinen Grund mehr, Angst zu haben. Möchten Sie z.B. beim Einkaufen eine Frau ansprechen, ist das Schlimmste, was passieren könnte, eine abweisende Bemerkung. Na und? Damit können Sie leben und mit der Frau haben Sie künftig sowieso keinen Kontakt mehr. Es kann Ihnen egal sein, was sie denkt und vermutet.

8.0 Die Erscheinung

Wo immer Sie sich bewegen, Sie sind nicht einfach nur hier, sondern Sie erscheinen.

Dies möchte ich Ihnen als Denkanstoß geben, um Ihren Auftritt, Ihren Charme und die Einstellung gegenüber sich selbst zu verbessern.

Jeder fühlt sich gut in Gegenwart von einem Menschen, der voller Lebensfreude, Antriebsstärke und Charme ist. Solche Personen wirken jeden Tag, als hätten Sie einen Hauptpreis gewonnen. Sie strahlen eine Zufriedenheit aus, egal ob dies der Wahrheit entspricht. Sicher ist jedenfalls, dass die Umwelt gezeigte Lebensfreude positiv empfindet. Machen Sie aber nicht den Fehler, den ein Bekannter von mir machte:

Werden Sie keinesfalls zum Witze-Erzähler!

8.1 Körperliche Schönheit

Man kann es nicht leugnen. Schönheit ist ein erster Fokus für jeden Menschen. Daher hilft gutes Aussehen bei der Eroberung der Frauen.

Im ersten Moment, indem wir einen für uns „schönen" Menschen erblicken, setzen wir unbewusst hohe Erwartungen in ihn. Diverse psychologische Testreihen haben sogar gezeigt, dass wir solche Personen auf Anhieb intelligenter einschätzen. Sofort nach diesem Bonus, den wir dem guten Aussehen gewähren, erwarten wir jedoch mehr: Die Bestätigung dieser positiven Vermutung.

Werden z.B. die Erwartungen hinsichtlich der Intelligenz nicht erfüllt, spricht man sehr schnell von „Schön und dumm".

Auch die anderen, erwarteten Eigenschaften werden geprüft, bestätigt oder in der Folge enttäuscht.

Ein Mann, der nur sehr schön ist, aber sonst keine nennenswerten Vorzüge, liebenswerten Eigenschaften und Reize in den Augen der Frauen vorweisen kann, wird schnell abwertend als „Schönling" bezeichnet.

Sollten Sie also zu den Schönen gehören, haben Sie kurzzeitig einen Vorteil, den es zu verteidigen gilt. Sind Sie kein schöner Mann, sind Sie im „Ersten Blick" benachteiligt, was Sie sofort durch andere, positiv wirkende Eigenschaften kompensieren können und müssen.

8.2 Aussehen

Schon wieder von der Schönheit die Rede? Nein.
Das Aussehen möchte ich hier als Gesamterscheinung betrachten.

Ich habe oft „schöne" Frauen gesehen mit einem ernsten oder eingebildeten Blick. Ich konnte immer wieder feststellen, dass eine weniger hübsche Frau mit einem strahlenden Lächeln stets anziehender wirkt.
Eine entsprechende „Gangart", die Macht der Bewegung und andere Eigenschaften machen aus einer

„normalen" Frau ein Lustobjekt. Männer wirken auf Frauen ebenso. Ihre körperlichen Voraussetzungen sind nur die Hülle dessen, was Sie darstellen! Viele Männer haben mir mittels Fotos eine sichtbare Verwandlung dokumentiert.

8.3 Bewegung als Charakterbild

Nehmen Sie sich die Zeit und beobachten Sie Frauen wie Männer in einer Fußgängerzone. Das Gehen will gelernt sein. Ebenso ein zufriedener, entspannter, aufgeweckter Gesichtsausdruck. Nur wenige beherrschen es. Viele gehen mit hängenden Schultern, oft sogar nach vorn gebeugt. Andere trippeln in viel zu kleinen Schritten vor sich hin. Auch eingebildete Menschen werden Sie antreffen, die sichtlich überheblich mit hochgezogenem Kopf entlanggehen. Viele Gesichter sind mürrisch, traurig, lustlos, genervt und angespannt.
Warten Sie auf einen Menschen, der es versteht zu „gehen". Es kann sein, dass Sie eine Weile warten müssen, denn diese Eindrücke sind selten. Ohne zu wissen, wie sich ein solcher Mensch bewegt, werden Sie das Positive, das dieser Mensch auszustrahlen vermag, sofort erkennen. Ein Blick in sein Gesicht zeigt, dass seine elegante und doch entspannte Gangart in Einklang mit dem Gesichtsausdruck steht.

8.3.1 Elegantes gehen

„Bewusstes Gehen" bedeutet nicht gekünstelt. Elegantes

gehen wirkt nicht eingebildet, sondern selbstsicher und erfolgreich.

Können Sie sich noch an den verstorbenen Schauspieler Helmut Fischer erinnern? Sein Gang war nicht perfekt, aber lässig, ohne eingebildet zu wirken. Der Körper aufrecht, Kopf in einem Blickwinkel von 90 Grad bei einem lockeren Gesichtsaudruck. Das ständige Hin- und Herschauen, verbunden mit den seitlichen Bewegungen des Kopfes, wirkten wegen des ansonsten korrekten Ganges nicht unsicher, sondern sehr neugierig und erwartungsfroh. Da ich Herrn Fischer persönlich kannte, versichere ich Ihnen, dass seine Gangart nicht gekünstelt, sondern ein Abbild seines Charakters war.

Bei einem Mann mit schleppendem Gang, hängenden Schultern und angespanntem Gesichtsausdruck, würde man die häufigen, seitlichen Blicke als Unsicherheit werten.

Was sind nun die wichtigen Eigenschaften, um elegant und zugleich locker zu gehen?

Sie haben richtig gelesen. Diese beiden Forderungen schließen sich nicht aus!

Stellen Sie sich so gerade hin, dass Beine und Rücken eine Linie bilden. Der Kopf ist gerade. Stellen Sie sich einen Strahl vor, der direkt aus den Pupillen austritt. Dieser müsste dann mit Ihrer Rückenlinie einen 90 Grad Winkel bilden, der Strahl müsste also waagrecht zur Straße verlaufen. Ist doch logisch, denken Sie?

Scheinbar nicht!

Die meisten Menschen stehen und laufen mit einem mehr oder weniger geneigten Kopf. Einige wiederum, heben den Kopf in voller Absicht sehr weit an, was angeberisch und gekünstelt wirkt.

Dieser gerade Stand ist die wichtige Grundstellung, um jetzt das Gehen zu lernen. Die Fußspitzen zeigen beim Gehen ganz leicht nach außen. Jeder Schritt muss flexibel und locker wirken, ohne betont lässig zu gehen. Im Gegenteil, jeder Schritt setzt sanft mit der Ferse auf und rollt sich dann über den großen und den zweiten Zeh elegant ab. Die Sohlen unserer Schuhe sind nicht ohne Grund biegsam. Trotzdem gibt es nicht wenige, die immer mit dem vollen Fuß aufsetzen und abheben. Das wirkt holperig, sogar ziemlich primitiv. Stellen Sie sich die Schuhsohle gebogen vor und rollen Sie jeden Schritt entsprechend darüber. Selbstverständlich darf sich die Wirbelsäule mitbewegen, sonst wirken Sie, als hätten Sie einen Stock verschluckt. Keine Hand befindet sich in der Hosentasche. Das wirkt nur selten locker, in Verbindung mit der Verführung von Frauen wird dies meist als Unsicherheit gewertet. Die Arme hängen locker nach unten oder werden leicht angewinkelt. Sie bewegen sich im Rhythmus des Ganges leicht mit. Leicht bedeutet nicht, dass Sie mit den Armen den Schwung verstärken, sondern nur begleitend wirken. Achten Sie, dass der Kopf wie beschrieben oben bleibt, gelegentlich etwas in Richtung interessanter Dinge bewegt wird, ohne in Ihrer Euphorie zu weit nach oben zu wandern.

Am Gang erkennen Ihre Mitmenschen oft schon, mit wem Sie es zutun haben. Dies läuft vollkommen unterbewusst ab. Psychologische Tests beweisen, dass sich die Menschen nicht erinnern können, dass Sie Personen nach Ihrer Gangart beurteilt haben.

Üben Sie in Ruhe Ihre Art zu stehen und zu gehen. Sie werden feststellen, das es Ihnen Freude bereiten wird, sich in der Öffentlichkeit vernünftig zu bewegen. Es wird Ihr Selbstvertrauen noch weiter stärken.

8.4 Gesichtsausdruck und Mimik

Die Schönheit des Gesichts ist sehr oft nur im Gesichtsausdruck begründet. Ein Lächeln kann sehr viel Positives beitragen. Bewegungen des Gesichts können lebendig, aber auch abweisend wirken. Blicken Sie in den Spiegel. Versuchen Sie ein Lächeln. Falls diese Übung neu für Sie ist, werden Sie mit dem ersten Ergebnis nicht zufrieden sein. Ein richtiges Lächeln findet bei leicht geöffnetem Mund statt und lässt die Zähne blitzen, die gepflegt und weiß sind. Lächeln bei geschlossenem Mund wirkt unecht und wie das Lächeln eines Clowns. Ein zu weit geöffneter Mund wirkt aufdringlich. Achten Sie darauf, dass die Augen dabei weit geöffnet sind. Sie müssen „strahlen". Ein ideales Lächeln dauert insgesamt etwa 2-3 Sekunden. Versuchen Sie es! Sie werden sehen, eine kürzere Zeitdauer wirkt unecht, eine längere ermüdet Sie und den Betrachter.

8.5 Alt und Jung

Ein junges Gesicht verzeiht unangenehme Mimik. Viele Arten eines Gesichtsausdrucks, die bei einem jungen Menschen durch die straffe Haut nicht negativ wirken, sehen beim älteren Menschen unangenehm aus. Eine typische Angewohnheit ist eine zu heftige Aktivität der Stirnmuskulatur. Was beim jungen Menschen aktiv wirkt, ist bei älteren Semestern ungünstig. Man zieht die Stirnmuskulatur an und die Stirn legt sich in tiefe Falten. Was mürrisch und angespannt wirkt, hat eine bleibende Wirkung. Es bilden sich immer mehr Falten, die im Ruhezustand bestehen bleiben. Achten Sie mal darauf, welche Menschen starke Gesichtsfalten haben. Ihnen wird auffallen, dass diese Personen im Laufe eines Gesprächs ständig Ihre Gesichtsmuskulatur sehr stark bewegen. Andere, die diese Angewohnheit nicht haben, bleiben oft bis ins hohe Alter nahezu faltenfrei.

Überstarke Mimik sollten Sie sich dringend abgewöhnen. Viele Falten werden verschwinden oder gar nicht erst entstehen. Machen Sie allein mal einen Test. Mit der einen Hand halten Sie die Stirn gespannt, mit der anderen kleben Sie ein breites Klebeband über die Stirn. Sie werden jetzt immer spüren, wenn Sie die Stirn runzeln möchten. Für größere Geldbeutel gibt es in der heutigen Medizin wirksame Behandlungsmöglichkeiten mit Spritzen (Botox* o.ä.), die für einige Monate die Aktivität der Stirnmuskulatur lahm legen und des weiteren dazu beitragen, sich auch für länger die Bewegungen abzugewöhnen.

Ihr Gesicht sollte entspannt sein und nur in passenden Situationen eine starke Mimik aufweisen. Ansonsten ist eine leichte Mimik und ein bereits erwähntes Lächeln in diversen Situationen völlig ausreichend.

*eingetragenes Warenzeichen

8.6 Kleidung

Mit der richtigen Kleidung haben Sie die Möglichkeit, den ersten Eindruck eklatant zu verbessern, Ihren Typ zu unterstreichen und passende Akzente zu setzen. Auch an der Kleidung beurteilen wir Menschen, bevor wir Näheres über sie erfahren.

Man spricht in Verbindung mit Bekleidung oft von Stil. Dieser kann nur positiv wirken, wenn er in Verbindung mit der Person, also praktisch immanent ist. Wirkt er dagegen nur aufgesetzt, empfinden wir bestimmte Stilakzente als negativ. Wichtig ist dies auch hinsichtlich der Farben. Erwartungen der Mitmenschen sollten berücksichtigt werden. So wenig ein roter Anstrich an einem Haus Anklang findet, so wenig werden Sie im blauen Jogginganzug erreichen.

In gewisser Erwartung würden wir einen Finanzmanager im sportlichen Outfit weniger Kompetenz zuschreiben als der selben Person im dunklen Anzug mit Brille und Krawatte.

Eine allgemeine, stets passende Regel gibt es daher nicht. Unterstreichen Sie den Typ, den Sie darstellen möchten.

Tragen Sie die Kleidung zuhause und üben Sie gehen, stehen und andere Bewegungen. Dies ist keinesfalls lächerlich. Kaum jemand gelingt es elegant zu gehen, richtig zu stehen, und mit den Armen während eines Gesprächs, falls erforderlich, dezent zu deuten, zu bekräftigen oder andere Signale zu geben.

9.0 Der Startschuss

Die erfolgreiche Verführung der Frauen ist etwas, was schon einer gewissen Perfektion bedarf. Je weniger davon, desto schwieriger und langwieriger wird es. Zu viele Fehler führen unweigerlich zum Scheitern des Vorhabens.

9.1 Kleiner Anfang zum großen Erfolg

Ich möchte Sie nicht mit irgendwelchen Erfolgsrezepten bombardieren, wie es leider in vielen Büchern der Fall ist, sondern mit Ihnen gemeinsam den Weg aufbauen. Dann werden Sie die Wichtigkeit einzelner Aktionen verstehen und ein brillanter Verführer aller Arten von Frauen werden.

9.2 Verführung im Schnellverfahren

Dieses Buch zielt darauf ab, Ihre diversen Erwartungen durch sichere Strategien möglichst schnell zum Erfolg zu bringen. Darunter verstehe ich nicht die von jungen Männern häufig angewandte „Methode mit der Brechstange". Bei dieser mir unverständlichen Art der Verführung baggert der Typ ohne langes herumreden, was das Zeug hält und versucht, sein Vorhaben durchzusetzen. Da dies eher selten gelingt, gibt er seine „Verführung" auf, sobald er merkt, dass er abgeblitzt ist. Um sein Ego weit oben zu halten, versucht er es dann bei der Nächsten und treibt dieses herbe Spiel so lange, bis er bei einer Dame landen kann.

Dies hat nichts mit schneller Verführung zu tun. Das ist unprofessionell und für Sie unbefriedigend. Sie möchten eine bestimmte Frau verführen. Egal ob Sie diese seit 3 Jahren oder 3 Sekunden kennen und nicht nach der Methode „Hauptsache irgendeine" verfahren.

Ich werde Ihnen aufzeigen, wie Sie mit nahezu 100 % Erfolg die Frauen wie folgt verführen:

- Kontakten

- Sympathisch erscheinen

- Ihren Humor wecken

- Botschaften senden

- Ein unwiderstehliches Image aufbauen

- Ihre Lebenslust spüren

- Ihre Wunschträume aktivieren

- Ihren Traumtypen darstellen

- Sexuelle Wünsche wecken

- Blockaden lösen

- Heißen Sex erleben

Vielleicht werden nicht alle Methoden in diesem Buch Ihre volle Zustimmung finden. Manche Männer sind zu ehrlich, um zu lügen. Andere wiederum möchten etwas erreichen, ohne Dinge vorzugeben, die gar nicht sind. Ich möchte Ihnen aber die optimalen, schnellsten und sichersten Strategien aufzeigen. Machen Sie an diesen Dingen Abstriche, sobald Sie sicher genug sind, um ohne die maximale Beeinflussung erfolgreich zu sein. Den Verlust an Schlagkraft können Sie anderweitig geschickt kompensieren.

9.3 Miniflirt

Der Miniflirt ist der Beginn allen Handelns. Üben Sie diesen ab sofort täglich und überall ohne weitere Schritte einzuleiten, die Sie noch nicht beherrschen. Sorgen Sie dafür, dass Sie im Miniflirt erst perfekt werden!

9.4 Orte des Flirts

Glauben Sie mir, lieber Leser, diese Überschrift dürfte es eigentlich gar nicht geben. In zahllosen Büchern über Flirt und Verführung ist lang und breit zu lesen, welche Orte und Gelegenheiten für einen Flirt geeignet sind. Die Disco, in der es angeblich viel zu laut ist, um richtig zu flirten wird ebenso erwähnt wie Privatpartys und Arbeitsplatz. Ich glaube aber, dass Ihnen sehr wohl klar ist, dass Sie auf der Berliner „Loveparade" vermutlich größere Chancen auf einen Flirt haben als bei einem Besuch Ihrer Mutter. Werde ich gefragt, welcher Ort zum Beginn eines Flirts geeignet ist, gebe ich seit vielen Jahren sinngemäß die selbe Antwort:

„Dort, wo es eine oder mehrere für Sie begehrenswerte Frauen gibt!"

Da ich annehme, dass Sie nicht 4 Frauen gleichzeitig verführen möchten, genügt also eine, um aktiv zu werden. Oft ist es sogar hinderlich, wenn Hunderte oder Tausende von Menschen Ihr Opfer ablenken, während Sie die Methoden der Manipulation zum Ansatz bringen möchten. Oft ist es schwieriger, eine Frau aus einer Gruppe von Freundinnen herauszureißen, um Sie zu verführen, als der selben Frau von der Straße weg in die Wohnung zu „folgen", um spontanen Sex zu erleben. Für etwas schüchterne Männer möchte ich aber dennoch ein paar besonders geeignete Flirt-Orte empfehlen. Optimale Gelegenheiten sind für Anfänger keinesfalls Plätze und Veranstaltungen, bei denen Sie ein Anonymus unter vielen sind. Nein, am einfachsten ist es für den ungeübten oder schüchternen Flirtschüler immer dort zu Kontakten, wo Menschen gleiche Ziele verfolgen. Nehmen Sie an einem Kochkurs der Volkshochschule teil, gibt es ein gemeinsames Thema, das sich zur Kontaktaufnahme regelrecht aufdrängt. Zudem sehen Sie sich an den Kurstagen periodisch und es ist keine Eile geboten, sofort zu handeln. Sämtliche Kurse wie Fremdsprachen oder Computerkurse, sind ebenso bestens geeignet. Auch ein wenig Bewegung, falls Sie sich mit dem Gedanken des Sports anfreunden können, kann Ihnen nicht schaden. Ein Aerobickurs wird wie auch der Kochkurs fast ausschließlich von Damen besucht und macht Sie zum Hahn im Korb.

Sicherlich ist es so einfach, eine Frau zu verführen, dass Sie dafür wirklich nicht extra einen Kochkurs besuchen brauchen. Es hilft dem Anfänger jedoch, anfängliche Startschwierigkeiten abzubauen. Ich garantiere Ihnen, dass Sie schon in Kürze solche Hilfsmittel nicht mehr benötigen, denn meist sind es spontane Momente, die Ihnen die Gelegenheit zum Flirt geben.

Wohin immer die täglichen Wege des Lebens Sie führen, gibt auf dieser Welt so viele Frauen, dass Ihnen ein traumhaftes Exemplar begegnen wird. Verwenden Sie zum Flirt die Stationen Ihres täglichen Weges, haben Sie noch nicht einmal zusätzlichen Zeitaufwand. Eine Affäre kann überall beginnen. Im Supermarkt, Schuhgeschäft und an der Tankstelle. In der Warteschlange an der Kinokasse wie im Restaurant. Nur allein zuhause, ohne Hoffnung auf Besuch, tendieren die Chancen gegen Null.

Es könnte spontan an der Tür läuten. Sie öffnen und eine bezaubernde, sexy gekleidete Dame räkelt sich mit aufreizenden Bewegungen und haucht: "Hallo, ich will Dich, ich brauche Dich. Jetzt sofort! Küss mich!"
So oder ähnlich, glauben manche Männer, sollte es sein. Und Sie warten Jahr für Jahr und es passiert leider nicht. Ich kenne viele Männer, die sich von solchen Träumen losgesagt haben, aktiv geworden sind und heute zu den Verführern gehören, die Frauen „Im Sturm erobern".

9.5 Lächeln ist in

Nehmen Sie sich vor, jede hübsche Frau anzulächeln. Spontan und grundlos. Egal bei welcher Situation. Sie werden sich wundern, wie oft Sie einen fröhlichen Gesichtsausdruck und ein megabreites Lächeln zurückerhalten. Frauen fassen dies als direktes Kompliment auf. Deshalb freuen Sie sich umso mehr, je weniger Grund es dafür gab, sie anzulächeln. Falls Sie bereits Meister dieser Disziplin sind, folgen Sie mir auf dem nächsten Schritt.

10.0 Die Manipulation beginnt

Bereits der erste Blick, das erste Wort auf Ihrem Weg, eine Frau zu verführen, ist im Grunde nichts anderes als pure Manipulation.
Nehmen wir an, Sie sehen ein hübsches Mädchen und Ihr Weg führt Sie geradewegs daran vorbei, oder Sie lassen ihn daran vorbeiführen. Während Sie vermutlich bisher nach einem kurzen Moment der Verwunderung die Schöne wieder aus den Augen verloren, möchte ich jetzt mit Ihnen gemeinsam Chancen erarbeiten.
Was könnten Sie tun?

- „Hallo" sagen und vorbeigehen.

- Ihr die Hand geben und sich vorstellen.

- Sie gleich auf einen Kaffee einladen.

- Sie anlächeln und weitergehen.

- Einen Kuss zuwerfen und vorbeigehen.

- Ich pfeife ihr nach, weil sie super aussieht.

- Kurz ansehen und vorbeigehen.

- Ich sage: „Hey Baby, wie wär's mit uns?"

Alles Dinge, die üblich, aber ungeeignet sind, Ihr Ziel zu erreichen.

Typen, die hübsche Mädchen anvisieren, sie doof anquatschen oder nachpfeifen, gibt es wahrlich genug. Sie sind keiner davon!
Da das Mädchen Sie vermutlich gar nicht positiv registriert, ja Sie eventuell nicht einmal gesehen hat, ist sie nicht auf einen Kontakt vorbereitet. Also muss sofort ein angenehmes Gefühl erzeugt werden. Dies gelingt immer mit einem locker verpackten Kompliment. Hiermit ist nicht ein allgemein gültiges gemeint, sondern etwas spezifisches. „He Baby, Du siehst gut aus", ist weder einfallsreich noch erfolgreich. „Oh, Dein rotes Hairdesign passt prima zu diesem schönen Tag", ist spezifisch und unterstreicht eine Einzigartigkeit. Sicherlich hat das Mädchen viele Gedanken darüber verschwendet, welche Farbe für Ihr Haar gut aussieht. So wird es in ihr ein positives Gefühl hervorrufen, wenn Sie gerade dies bestätigen. Treffer!
Sie werden mindestens ein Lächeln und ein „Danke" erhalten.

Sicherlich hat nicht jede Frau gefärbtes Haar. Doch eine Frau, die Sie begehren, wird viele positive Dinge ausstrahlen, die als Kompliment verpackt werden können.

„Lila-grüne Sportschuhe, wusste nicht, dass es so was gibt. Sehen aber gut an Dir aus!"
Sofern möglich, beziehen Sie dies in erster Instanz auf undiskrete Dinge, die auch die Frau für gut hält. Kleidung und Schmuck sind bestens geeignet. Clevere Verführer verpacken dieses Lob gleich noch nachfolgend

in eine persönliche Attacke. Diesen Doppelschritt
können Sie leicht verwirklichen:
„Dein rotes Hairdesign animiert dazu, Dich anzusehen
und in Deine wunderschönen großen Augen zu schauen",
wird sicher positiv gewertet. Dies ist bereits ein
„schweres" Kompliment, das Sie dringend durch ein
starkes Lächeln unterstreichen sollten, um eine
entstehende Befangenheit der „Schönen" aufzulockern.
In unserem Beispiel haben Sie das Mädchen nie vorher
gesehen. Es gibt keinerlei Verbindung, zur selben Zeit
am selben Ort zu sein. Daher würde das genannte
Doppelkompliment anfangs schon zu weit führen. Bei
einer Party, in der Disco, auf einem Empfang und
ähnlichen, gesellschaftlichen Veranstaltungen ist dies
jedoch bestens geeignet. Hier fühlen sich unbekannte
Menschen bereits verbunden, selbst wenn dies nur
unterbewusst abläuft.
Vollkommen ungeeignet sind scharfe Sprüche, obszöne
Komplimente und coole Aufreißmethoden. Meldungen
wie:
„Hey Baby, steig in meinen Mercedes und ich fahre Dich
ins Land der Träume", sind zwar nicht obszön, aber nur
bei einer besonderen Art Frau erfolgreich. Solche
Angebereien wirken zu aufschneiderisch, enthalten keine
positiven Gedankenmuster und sind daher zum
Scheitern verurteilt.
Auch so moderne Sprüche wie:
„Hey Du, ich hab' die Telefonnummer meiner Freundin
verloren, drum gib mir doch mal Deine!"
Dies ist sicher ein flotter Spruch, jedoch kann die Frau
direkt, im ersten Gedanken, nichts Positives entdecken.

Sofern Sie sich die Mühe macht, über die Aussagekraft nachzudenken, wird sie, je nach Laune, auf unbestimmte Art reagieren.

Folgende Gedankenblitze sind wahrscheinlich:

- Der Typ ist ziemlich durchgeknallt

- Halbstarker Trottel

- Vielleicht ganz nett aber ziemlich verrückt

- Einer der blöden Anmachsprüche

- Den Spruch kennt doch schon jeder.

- Oh, scheinbar gefalle ich ihm ...

Wir sehen, alles ist möglich. Ob die Reaktion positiv oder negativ ausfällt, wird von zahlreichen Faktoren bestimmt. Neben der Laune der Frau hängt es von der generellen Einstellung zu coolen Meldungen, von Situation und Aufnahmefähigkeit ab, wie der Spruch gedeutet wird. Stop! Wir möchten nichts, aber auch gar nichts, dem Zufall überlassen. Daher kommen für uns nur Formulierungen in Frage, die in jedem Fall und unmissverständlich positiv aufgenommen werden. Dabei spielt es keine Rolle, ob die Frau Single, gebunden oder verheiratet ist.

10.1 Spontane Handlung

Der Flirt sollte möglichst spontan beginnen, um die Frau überraschend in eine gutes Stimmungsgefühl zu versetzen. Auch das ist schon Manipulation. Sicher ist das so eine Sache. Anfangs werden Sie nicht sofort die richtigen Ideen draufhaben. Stehen Sie zum Beispiel an der Kasse eines Supermarkts und sehen die hübsche Kassiererin, sollten Sie sogleich überlegen, was zu sagen ist. Sind Sie dann mit Bezahlen dran, machen Sie sofort beim ersten Augenkontakt Ihr Kompliment. Das wirkt ehrlich und überrascht die Dame positiv. Falsch wäre es, stumm den Kassiervorgang zu beenden und beim weggehen noch schnell Ihren Spruch loszulassen. Jetzt fehlt jede Spontanität und eine Bemerkung aus der Rubrik „schnell und fetzig" wirkt dann sogar lächerlich und unsicher.

Fazit:
Agieren Sie dringend (evtl. scheinbar) spontan und nicht zu persönlich. Loben Sie etwas, was ihr sicher wichtig ist und nach Bestätigung sucht.
Denken Sie schon im Vorfeld über weitere, „spontane" Komplimente nach, bevor Sie auf Übungstour gehen. Merken Sie sich nach jedem Realitätstest die Reaktion und bewerten Sie diese.
Gehen Sie Schritt für Schritt vor. Perfektion erreicht niemand im ersten Anlauf.
Selbst wenn Sie bereits alle Kapitel dieses Buches gelesen haben sollten, bevor Sie es zum ersten Mal versuchen, machen Sie derzeit weiter nichts ...

Erprobte Beispiele, Frauen unbefangen anzusprechen und somit den ersten Kontakt herzustellen, gibt es genug. Hier nur einige davon:

Sie sehen, wie eine Frau Blumen eingekauft hat und zu Ihrem Wagen geht. Ihre Wege kreuzen sich rein „zufällig", als sie Ihren Wagen öffnet, um die Blumen hineinzulegen. „Schön, dass Du so schöne Blumen für mich gekauft hast!", bringt Sie locker in's Gespräch und gibt Gelegenheit für weitere Worte.

Sie sehen eine hübsche Frau, die am Parkplatz des Supermarkts ein paar wenige Einkäufe in Ihr Auto laden möchte. Ein wenig gefüllter Wagen deutet zudem auf ein Singleleben hin. „Hast Du auch Schokolade gekauft?". „Nein, habe ich noch zuhause". „Möchten wir die zusammen aufessen?", wäre ein frecher Schachzug, der mit einem kräftigen Lächeln entschärft werden sollte. Wie immer gibt es unzählige Variationen. Stehen Sie in der Warteschlange an der Kasse, genügt ein „Sehe ich richtig, dann hast Du tatsächlich keine Schokolade für mich gekauft!", um einen Kontakt herzustellen.

„Bin ich hier richtig Richtung Stadion, da ist heute das Open-Air Festival?", worauf bei bejahender Antwort ein „Möchtest Du mitkommen, ich lade Dich dann auf einen Kamillentee oder was anderes ein?", nachgeschoben werden kann.

Wichtig ist beim Üben anfangs noch gar nicht so sehr, was Sie sagen, sondern dass Sie etwas sagen ...

10.2 Angriffsmethoden

Irgendwann, wenn es für Sie ein „Leichtes", ja sogar schon eine Art „Sport" geworden ist, positive Reaktionen hervorzurufen, sind Sie in der Lage, weitere Maßnahmen zu ergreifen. Während viele Männer denken, der erste Kontakt sei das Problem, muss ich immer wieder betonen, dass der zweite Schritt entscheidend ist. Abhängig von der Situation entscheidet diese Handlung darüber, ob „mehr" aus der Sache wird.

Fazit:
Es ist problemlos möglich, nach den Methoden dieses Buches aus einem lockeren Kompliment ein spontanes Abenteuer zu machen. Die meisten Menschen freuen sich darüber, wenn der andere ein gutes und lockeres Gefühl erzeugt, das sie nur zu erwidern brauchen. Sie selbst werden spüren, wann Sie soweit fortgeschritten sind, dass Ihnen die Frauen fast wie Marionetten folgen ...

11.0 Eine Affäre nimmt Ihren Lauf

Während wir uns bisher nur auf kurze, positive Kontakte beschränkt haben, möchten wir jetzt mehr als ein Lächeln, mehr als ein Dankeschön, mehr als einen strahlenden Blick. Jetzt müssen wir dafür sorgen, dass Ihnen Ihre Beute nicht entwischt! Sie müssen entscheiden, ob ein sofortiger Angriff nötig ist oder nicht. Dies hängt von der Situation ab. Ist „Ihr Traum" die Bedienung in Ihrem Lieblingsrestaurant, ist sicher weniger Eile geboten als bei einem zufälligen Treff, der sich vielleicht nie mehr in Ihrem Leben wiederholen wird. Bei Letzterem wird es jetzt heißen:
Alles oder (vielleicht) nichts!

Positive Stimmung haben Sie bereits erzeugt. Diese gilt es jetzt aufrecht zu erhalten. Jetzt kann auch etwas weiter ausgeholt werden, aber nicht aufreißerisch, sondern locker und wieder an der Situation orientiert. Bleiben wir noch in erstem Beispiel, dem Mädchen, das Sie zufällig getroffen haben. Sie haben ein „Danke" und ein dickes Lächeln erhalten, als Reaktion für das Kompliment zur Haarfarbe.
Einige passende Sprüche:

„Eigentlich war ich in Eile, jetzt aber träum ich davon, mit Dir eine kurze Pause im Eiskaffee einzulegen!"

„Sorry, dass ich Dich angelabert habe, doch es ist einfach aus mir rausgesprudelt, als ich Dich sah. Was hat Dich denn hierher verschlagen?"

„Ich bin hier durch den Park, um ein wenig allein zu sein. Jetzt bin ich froh, dass ich es nicht bin"

„Danke für Dein Lächeln. Ich dachte nicht, dass ich hier so einen netten Menschen treffen werde."

Was Sie genau sagen, ist nicht so wichtig. Es muss nur ein Dankeschön verpackt werden, eine Freude über die (zwangsläufig) freundliche Reaktion.
Hüten Sie sich vor Einheitsquark wie:
„Du bist hübsch. Können wir uns nicht näher kennen lernen. Wie ist Dein Name. Wo wohnst Du? Wo arbeitest Du? Bist Du öfter hier?

Solche Meldungen outen Sie als einfallslos, aber auch flotter Einheitstenor wirkt negativ. Dann werden Sie zum Sprücheklopfer abgestempelt.

Was Sie benötigen, um fortzufahren, ist der bejahte Wunsch nach etwas gemeinsamer Zeit.
Sich nicht sofort wieder aus den Augen zu verlieren, ist auf einer Party, in der Disco, auf Veranstaltungen, am Arbeitsplatz usw. kein Problem. Hier können Sie ruhig und gelassen auch öfter die Methode „Miniflirt" anwenden, bevor Sie den Köder auswerfen.

Fazit:
Bleiben Sie in jedem Fall situationsorientiert. Ihr Auftreten muss jedenfalls einzigartig, nicht schematisch erscheinen. Locker, nicht vorbereitet. Humorvoll, nicht verklemmt. Und einfach, denn Sprüche, deren Hinter-

grund erst nach einem Geistesblitz klar werden, verpuffen vielleicht, weil die Frau spontan überrascht ist und reagiert, bevor sie hintergründig denkt.

Bieten Sie etwas gemeinsame Zeit an. Sollte dies aus terminlichen Gründen nicht sofort möglich sein, vereinbaren Sie einen Ausweichtermin. Je unbefangener Ihr Vorschlag ist, umso eher wird er akzeptiert. Daher stehen die Chancen besser, das weibliche Wesen in ein Restaurant einzuladen, als wenn Sie sofort versuchen, das intime Abendessen bei Ihnen Zuhause anzupeilen. „Ich wollte mal wieder zum Italiener an der Ecke. Wäre nett, wenn Du dabei wärst!"
Eine Einladung zu einem Essen im Restaurant ist relativ unbefangen. Noch unbefangener und somit in der Erfolgsquote noch höher sind Veranstaltungen von hohem Interesse, mit vielen anderen Menschen.
„Hallo, da fällt mir ein, dass ich zum Open-Air gehen wollte, wäre witzig, wenn Du mitkommst!"
Welchen Ort Sie wählen, hängt von Ihren Vorlieben ab und nicht zuletzt, was zum jeweiligen Alter passt. Sie werden bald schon das nötige Gefühl dafür entwickeln, was wohl akzeptiert wird. Beim Open-Air wird es sicher wiederum schwieriger, die Manipulation des Wortes zu verwenden.
Handeln Sie nach der „Mitmachregel"
Hierbei gilt es in jedem Fall zu vermeiden, Ihrerseits eindeutige Treffpunkte und Termine vorzuschlagen. Eine Enttäuschung bleibt Ihnen somit von vornherein erspart.

12.0 Zeitpunkt der Entscheidung

An dieser Stelle schon, also ganz zu Beginn, sollten Sie sich darüber klar werden, welcher Zeithorizont entstehen soll. Für einen One-Night-Stand möchten Sie möglichst wenig Vorleistung erbringen. Eine Beziehung, die Wochen dauern soll, wird Ihnen dagegen einige Mühe wert sein. Ist das nicht egal?
Nein, ganz und gar nicht. Dieses Buch zeigt Ihnen die schnellsten und effektivsten Methoden.
Hierzu bedienen wir uns diverser kleiner Unehrlichkeiten sowie den schlagkräftigen, wirksamen Mitteln der Manipulation!
Wie weit Sie diese anwenden oder ohne sie auskommen, werden Sie selbst ergründen.

12.1 Manipulation und kleine Tricks

Im Sinne der Manipulationsmethoden gilt es nun zu unterscheiden, wie ehrlich Sie die Sache angehen und welcher Zeitfaktor Ihr Ziel ist.

12.1.1 Das kurze Abenteuer

Sofern Sie Ihren Spaß nur kurz und heftig erleben möchten, ist die ideale Methode:

Ich gebe Ihr alles, was Sie sucht!

Diese ist sehr effektiv und wird vorrangig durch die Macht der Manipulation gesteuert.

Sie sind soweit gekommen, ein Gespräch beginnen zu können. Dies hilft Ihnen beim Aufbau Ihrer Strategie.

12.1.2 Zuhören – dann reden

Sie geben der Frau alles was Sie möchte. Sie erfüllen Ihr alle Wünsche. Sie sind der Typ, den Sie sucht und der das Begehren in ihr auslöst. Sie sind so, wie es Ihr gefällt. Sie sind optimal – es passt einfach.

Diesen Eindruck werden Sie erwecken, ob es stimmt oder nicht. In Wahrheit sind Sie ein kluger Spieler. Ein Führer und Verführer, einer, der die Schwächen der Frauen ausnutzt.

12.1.3 Smalltalk

Beginnen Sie mit Smalltalk. Flechten Sie Fragen dazwischen, um möglichst viel über „Sie" zu erfahren. Aber Achtung:

Fragen führen unweigerlich zu Gegenfragen.

Smalltalk. Was ist das überhaupt?

Dies ist nicht explizit definiert. Es ist im Idealfall ein unwichtiges, humorvolles, lockeres Gespräch. Hier ein paar spezifische Bemerkungen, die aktiven Smalltalk auszeichnen:

„Mit den Sportschuhen kannst Du sicher meilenweit vor den Männern weglaufen." „Wieso glaubst Du, dass ich

vor den Männern Angst habe?". „Nein", erwidern Sie.
"Ich wollte eigentlich nur sagen, dass Du auf mich einen
sportlichen Eindruck machst."

Mit solchen Worten und neuen, leichten Komplimenten
bringen Sie den Smalltalk in Gang und hören die
Resonanz. Hören - nicht dazwischenreden. In jedem Fall
den Augenkontakt unbefangen halten. Die Antworten
werden teilweise Informationen preisgeben, die Sie
verwenden können.
Sobald ihr Redefluss stockt, werden Sie aktiv. Sie fragen
hintergründig:
„Wo wolltest Du den grade hin?". Es wird etwa folgende
Antwort zu erwarten sein: „Nach Hause. Komm grade
von der Arbeit, hier gleich um die Ecke. Ich bin seit 3
Jahren beim Kosmetikstudio Brambach". Potzblitz! Aus
einer offenen Frage ist eine Fülle von verwertbaren
Informationen geworden. Das ist die Technik, die Sie
zum Erfolg bringt. Warum sollten Sie nicht gleich
fragen, wo sie arbeitet, wenn Sie es doch wissen
möchten?
Ganz einfach: Menschen neigen stark dazu, eine
identische Gegenfrage zu stellen. Speziell in der
Situation des Flirttalks. Sie müssen nun also damit
rechnen ein „Und wo wolltest Du grade hin?" zu
erhalten.
Hätten Sie nach der Arbeitsstelle gefragt, wären Sie nun
in der Pflicht des Antwortens. Warum möchten Sie das
nicht? Die berufliche Tätigkeit ist im Unterbewusstsein
der Frau eines der wichtigsten Merkmale eines Mannes.
Je mehr Infos Sie vorab erhalten, desto treffsicherer ist

diese Frage zu beantworten. Und es soll keinesfalls der Eindruck entstehen, als würden Sie auf das Thema „Beruf" ansprechen. Sofern die Frau es möchte, dass der Smalltalk in ein richtiges, tiefergehendes Gespräch übergeht, blocken Sie dies nicht ab, sondern Verhalten sich entsprechend.

Während Sie spricht, nicken Sie gelegentlich leicht, was Übereinstimmung und Verständnis signalisiert. Geht es um ein Problem, egal wie wichtig, zeigen Sie Anteil daran. Nichts ist für einen Menschen wichtiger, als ernst genommen zu werden. Hüten Sie sich in solchen Momenten vor lockeren Sprüchen. Der ideale Mann versteht es, humorvoll, verständnisvoll, intelligent und situationsbezogen ernst zu sein.

Vermeiden Sie es dringend, ständig Sprichwörter zu benutzen. Bemerkungen wie: „Man muss die Feste feiern, wie sie fallen" oder „Wer andern eine Grube gräbt, fällt selbst hinein!", wirken fantasielos, veraltet und überflüssig. Ganz schlimm, ja sogar lächerlich wird es, wenn Sie die Sprichwörter falsch oder verdreht wiedergeben. Sprechen Sie also individuell, denn nicht die Einheitsperson wird begehrt, sondern der Mann, welcher sich positiv in den Vordergrund spielen kann.

12.2 Kartenhaus aufbauen

Kartenhäuser, hier vergleichsweise erwähnt, haben die Eigenschaft, einzustürzen. Wann stürzt ein sorgsam aufgebautes Kartenhaus ein?

Wenn es zu hoch gebaut ist oder zu lange steht.

Dieser Fehler wird Ihnen nicht unterlaufen. Aber ein Kartenhaus zu bauen ist für den Soforterfolg zwar nicht immer notwendig, aber für höchste Treffsicherheit und insbesondere für „ungeübte Verführer" sehr hilfreich.

Im Laufe des Gesprächs werden Sie Informationen sammeln, hören, was sie gut findet und folgern, was sie von einem Mann erwartet. Und dieser Mann sind Sie!

Legen Sie sich Antworten zurecht. Ob wahr oder nicht. Nachdem Sie in etwa abschätzen können, was für ein Typ sie ist, was bei ihr ankommt, fällt es Ihnen leicht, sich als den Menschen zu präsentieren, der sie verführen wird.

13.0 Strategien für bestimmte Zeitebenen

Ich hatte bereits die unterschiedlichen Zeitfaktoren erwähnt. Jetzt, an dieser Stelle des Verführungsablaufs, haben Sie schon den ersten Kontakt hergestellt. Bevor Sie nun wenig effektiv weiterreden und handeln, müssen Sie sich darüber klar werden, was es eigentlich ist, was Sie gerade beginnen.
Ein Traum für eine Nacht?
Eine Beziehung auf Zeit oder für nebenbei?
Oder eine Liebe für länger?

13.1 Kurzfristige Affäre

Die Manipulation einer Frau, die Sie nur kurzfristig oder gar als One-Night-Stand erobern möchten, ist einfacher als jede andere Beziehungsebene. Sie haben alle Handlungsfreiheiten, welche auch immer. Sie können, Sie müssen sogar manipulieren, Unwahrheiten sagen, beeinflussen, taktieren, entwaffnen und verführen. Alle nachfolgenden Verhaltensregeln sind ausschließlich für kurzfristige Abenteuer bestimmt.

13.1.2 Beruf

Achten Sie darauf, dass „Ihr Girl" beruflich aus einer anderen Sparte kommt als Sie. Es betrifft Ihren eigenen oder einen anderen Karriereberuf, den Sie vorgeben. Sind Sie enttäuscht?

Ich verlange von Ihnen, dass Sie lügen?
Ja, falls es hilfreich und notwendig ist.
Sicher wissen Sie in diversen Businessbereichen bestens
bescheid, sodass es leicht ist, etwas zu erzählen.

13.1.3 Angeber – Nein danke!

Angeber sind und bleiben unbeliebt. Doch sind Sie nicht
einer, wenn Sie sogar schwindeln?
Ja, sicher. Und Frauen sind seltsame Wesen. Sie lieben
Typen, die alles haben, alles können, alles wissen. Sie
möchten dies auch erfahren, aber angeben sollen Sie
nicht. Sie werden aber aufschneiden und nicht zu knapp.
Die Frauen werden es jedoch nicht bemerken.

13.1.4 Tiefstapeln

Stapeln Sie tief, was andere hochstapeln. Lassen Sie die
Neugierde in „Ihr" sprudeln. Alle Dinge, die Sie im
Sinne der Manipulation ins Feld führen, müssen
„zufällig" zur Sprache kommen. Die Frauengedanken
werden Kreisen wie ein Turbine. Die Frage nach Ihrer
beruflichen Tätigkeit wird kommen, dann erwähnen Sie
kurz einen Beruf, der sicher wie eine Bombe einschlägt
und Ihr Interesse weckt. Mehr nicht. Es ist unerheblich,
ob Sie einen konkret anderen Beruf angeben oder Ihr
tatsächliches Berufsbild ein wenig permutieren. Sicher
sind die Frauen verschieden orientiert, aber folgende
Berufe haben sich bestens bewährt:

- Arzt
- Architekt
- Manager einer HighTech-Firma
- Geschäftsinhaber
- Modedesigner
- Schriftsteller
- Unternehmer in der Werbebranche
- Leiter einer Modellagentur
- Professor an der Universität
- Hotelier
- Unternehmensberater
- Börsenprofi
- Broker an der Börse
- Fondsmanager
- Leiter einer Investmentbank

Sofern Sie in der glücklichen Lage sind, tatsächlich einen Topberuf zu haben, müssen Sie einmal weniger lügen. Im Prinzip ist es für einen „One-Night-Stand" aber egal, was Sie wirklich sind. Wichtig ist es, keinesfalls (direkt) zu prahlen. Im Gegenteil. Vielleicht kommt darauf eine Antwort wie:
„Oh, Arzt. Sieh mal einer an!"
„Das ist heute wirklich nichts besonderes", wäre eine passende Antwort. Kommt keine Reaktion, versuchen Sie schnell von diesem Thema wegzukommen. Sicher wissen Sie viel über den Beruf zu erzählen, ob Sie nun Arzt sind oder nicht. Er wird, das garantiere ich Ihnen, sehr bald nochmals zur Sprache kommen. Wichtig ist aber, dass Sie Ihren Beruf scheinbar für unwichtig

halten. Er ist nur ein nebensächlicher Teil Ihres so erfolgreichen Lebens. Möchte Ihr Opfer aber schließlich mehr darüber erfahren, sollten und möchten Sie auch mehr erzählen. Solche Forderungen sind Ihre Spezialität! Sachlich interessantes wird schlicht erzählt. Erzählen Sie ihr dann von einem neuen Medikament, das Sie gerade in Zusammenarbeit mit einem Labor testen. Oder von einer Vorlesung, die Sie zum Thema „Das Medikament in der biochemischen Entwicklung" halten. Sprechen Sie kompetent und brechen Sie dann irgendwann einfach ab mit den Worten:

„Na, aber ich denke, ich langweile Sie doch nur mit dem unwichtigen Gefasel." „Aber nein, es interessiert mich wirklich", gibt Ihnen Bestätigung und Gelegenheit, nochmals Berufsmärchen zu erzählen. Wow! Die Manipulation schreitet mit großen Schritten voran. Ein Grundprinzip beim Verführen zu kurzen Abenteuern:

Erkennen Sie, was Sie gerne sehen und hören möchte und ermöglichen Sie das glaubwürdig!

13.1.5 Besitztümer

Es kommt nicht darauf an, was ein Mann besitzt. Das betonen die Frauen generell. Daher wissen wir, dass es falsch ist.

Menschen neigen dazu, immer das zu bekräftigen, wessen sie sich selbst nicht sicher sind.
Es ist ihnen wichtig, sehr sogar.

Sollen Sie nun rausssprudeln und in bunten Farben erzählen, was Sie so alles besitzen?

Nein, bloß nicht!

Das kratzt an Ihrer Glaubwürdigkeit. Das haben Sie doch gar nicht nötig. Nein, Sie sind der Typ, der alles hat und wertvolle Dinge daher gar nicht mehr schätzt. Genau darin liegt das Geheimnis des Erfolgs.

Wie aber bekommen Sie dieses „Bild eines Mannes" rüber?

Dies gelingt problemlos. Vermeiden Sie dabei direkte Erzählungen, benutzen Sie immer eine Umwegsituation. Sofern Sie Ihre Aktion nicht zuhause erleben möchten, erzählen Sie im richtigen Moment, indem „Sie" über irgendwelche Probleme spricht, von Ihrem Problem. Die Schwimmbadpumpe wurde undicht, hat in Ihrem Haus den Keller überschwemmt, die Sauna zerstört und die Trimmgeräte sind angerostet.

Verstehen Sie das Prinzip? Die Botschaft, Sie sind im Besitz dieser Gegenstände kam ebenso ohne Prahlerei rüber wie die Tatsache, dass Sie scheinbar ein recht wohlhabender Mensch sind, der keine echten Probleme hat. Was für ein Mann!

Leihen Sie sich ein teures Auto, falls Sie selbst keines haben. Erwähnen Sie es nicht, sondern sorgen Sie nur dafür, dass sie es sieht. Beiläufig. Was ist für Sie denn schon ein teures Auto!

Erwähnen Sie nebensächlich eine beliebte, bekannte Persönlichkeit. Produzieren Sie den Bekanntheitsgrad auf sich, indem Sie erzählen, Sie hätten geschäftlich mit dieser Person so am Rande zu tun gehabt und Sie hätten sich auf Anhieb bestens verstanden.

13.1.6 Kommunikation als Manipulation

Früher konnte man mit einem Handy schon großen Eindruck machen, sobald es klingelte. Heute ist dies nicht mehr so einfach. Auf Umwegen kann das Handy aber auch heute noch zum Zwecke der Manipulation dienen.

Entweder Sie beauftragen einen Freund Ihr Handy anzurufen oder lösen das Problem mit einem Trick. Aktivieren Sie die Mailbox, sprechen Sie also eine Mitteilung auf Ihr eigenes Handy auf. Dann schalten Sie es ab. Im richtigen Moment schalten Sie es unbemerkt ein. Bald wird der Operator anrufen, was in Zyklen von 30 Minuten geschieht. Die Sprachausgabe möchte Ihnen mitteilen, dass es neue Nachrichten für Sie gibt. Dieses Klingeln ist Ihr Startsignal. Jetzt telefonieren Sie scheinbar und benutzen einen simulierten, passenden Gesprächsablauf. Dieser könnte etwa wie folgt aussehen:

„Ja, hallo." Pause. „Ach, Herr Graf! Hab gerade nicht viel Zeit zum telefonieren." Pause. „Nein, 2000 Euro sind zu wenig." Pause. „Sicher dauert das nur ein paar Stunden, aber auch für die Anfahrt gehen mir einige Stunden verloren. 3500 Euro waren doch für mich im Gespräch." Pause. „Nein, so wichtig ist mir das wirklich nicht, unter 3500 Euro verzichte ich gerne." Pause. „Nein, sicher können sich die Herren das noch überlegen. Ist ja noch genug Zeit." Pause. „Auch danke und dann warte ich auf Ihre Entscheidung. Ja, tschüss Herr Graf, einen schönen Tag noch …"

Sie sagen im ersten Moment nach dem (fingierten) Gespräch nichts. Kommt eine Meldung des Girls, winken Sie kurz ab und sagen: „War nicht so wichtig". Falls keine Meldung kommt, erwähnen Sie auch nichts. Alles muss ohne Ihr Zutun wirken. Was wird die Frau jetzt denken?

„Mann, der muss ja Geld haben. Ist scheinbar so wichtig, dass er 2000 Euro in wenigen Stunden verdienen kann und lehnt es sogar noch ab. Soviel verdiene ich im Monat. Was ist dann wichtig für Ihn, wenn das nicht ... "

Diese Methoden sind starke Geschütze, die Sie da aufgefahren haben. Angriff pur. Kann Ihr Opfer noch entkommen? Schwer, nur wenn Sie gravierende Fehler machen.

13.1.7 Wirbelwind

Ich weiß nicht, wie viel Zeit Sie noch mit Ihrem Sexobjekt verbringen müssen oder möchten, bevor Sie ans Ziel gelangen. In jedem Fall sind Leerlaufphasen dringend zu vermeiden. Nehmen wir an, Sie lernen Ihr Girl tagsüber kennen und möchten die Nacht mit Ihr verbringen. Es gilt dann, die Zeit dazwischen wirklich ausfüllend zu erleben. Sich mit der Frage abzuquälen, was man denn heute so machen könnte, ist Gift für die junge Affäre. Seien Sie ein Wirbelwind. Voller Humor und Freude!

Brauchen Sie etwas Pause, ist sogar das ansonsten zur Kommunikation nutzlose Kino geeignet.

Vergessen Sie im Verlauf des Beisammenseins die Manipulation nicht. Erkennen Sie, was sie gerne hört, welche Meinung sie vertritt und greifen Sie diese Zielrichtungen jeweils nach einer Pause wieder auf. Versuchen Sie der Mann Ihrer Träume zu sein, der ihr Leben zur Explosion bringt!

13.1.8 Ihr Ziel kommt näher

Rekapitulieren wir kurz. Sie haben eine begehrenswerte Frau angesprochen, sie eingewickelt, den Supermann gespielt, ihre Bewunderung bewirkt. Was jetzt? Reicht das schon wirklich, um zu verführen? Sofort, also am ersten Tag oder Abend?
Am zweiten Tag, dafür würde es sicher reichen. Aber der sofortige, heiße Sex am ersten Abend?

13.1.9 Gute Vorsätze der Frauen

Nicht wenige Frauen haben es sich zur Regel erklärt, nicht am ersten Abend im Bett zu landen. Dies ist so eine Art Selbstschutz gegen Typen wie Sie!
Geduld ist nicht Ihre Tugend, daher möchten Sie nicht warten.
Diverse Befragungen von Männern und Ihren Affären, auch zu den Recherchen dieses Buches, führten immer

wieder zu den selben Antworten:

- Ich versuche, durch geschickte Fragestellung zu ergründen, ob Sie dazu bereit ist.

- Ich warte, wie es sich entwickelt.

- Ich frage Sie direkt.

- Es kann nicht schaden, ein paar Tage zu warten.

- Ich versuche, eine erotische Atmosphäre zu erzeugen und herauszufinden, ob Hemmungen vorhanden sind.

Das ist alles nicht nötig, sage ich Ihnen. Egal, ob Hemmschwellen vorhanden sind oder nicht, versuchen Sie gar nicht erst, dies herauszufinden. Wenden Sie die Methoden der Manipulation an, solche abzubauen. Damit gehen Sie auf „Nummer Sicher" und erreichen Ihr Ziel sofort!

13.1.10 Hemmschwellen abbauen

Das Durchbrechen von Vorsätzen und Hemmschwellen geschieht durch diverse Bemerkungen kurz vor Ihrem Angriff auf die Intimzone. Damit meine ich nicht etwa Sekunden davor, sondern 15-30 Minuten. Wichtig ist, dass dieses Thema keinesfalls Übergewicht bekommt. Es müssen nachfolgende Kernnachrichten geschickt in andere Themen integriert werden. Erwähnen Sie hierzu nichts personenbezogen, sondern in der allgemeinen Sprachform. Nachfolgende Dinge werden also in ein unbefangenes Gespräch anderer, diverser Themen integriert. Sprechen Sie positiv von ihr. Geben Sie ihr zu verstehen, dass Sie in Ihren Augen eine moderne, aktive Frau ist. Gehen Sie noch einen Schritt weiter, den Frauen ganz besonders lieben:

Bringen Sie deutlich zum Ausdruck, dass sie etwas ganz Besonderes und Wertvolles ist!

Damit setzen Sie einen elementaren Grundstein, egal zu wie vielen Frauen Sie das schon gesagt haben. Erzählen Sie, dass es bei Ihnen nicht darauf ankommt, wann eine Frau mit Ihnen schläft. Sie haben Geduld. Allerdings sind Sie nicht schüchtern und es gibt eigentlich gar keinen Grund, zu warten, wenn die Gefühle stimmen. Sie akzeptieren es durchaus, wenn es auch heutzutage noch einige richtig brave Frauen gibt, die irrtümlich glauben, Liebe hätte etwas mit Zeitablauf zu tun.

Das war Entwaffnung pur! Die Frau wird Ihnen zeigen, dass sie „so brav" nun auch wieder nicht ist und ihre Gefühle sehr wohl stark genug sind, mit Ihnen zu schlafen. Sie möchte es auch wirklich, dafür haben Ihre Methoden längst gesorgt.
Wenn Sie glauben, so eine Masche funktioniert nicht, werden Sie bald erkennen, dass diese nahezu 100 % Erfolgsquote aufweisen kann. Wie alle strukturierten Manipulationsmethoden beruht auch diese auf der

Tatsache, die strukturellen Gedankenmuster des Gegners durch geschickte Reize vorhersehbar auszulösen.

Sie sind am Ziel. Sie werden Ihren Sex bekommen!
Am ersten Tag, wie Sie es von Anfang an erhofft hatten!
Da es nur als ein kurzfristiges Abenteuer geplant war, konnten Sie mit allen Mitteln der Manipulation arbeiten. Sie konnten die Dinge lenken, wie Sie zwangsläufig zum Erfolg führen.

13.1.11 Ende oder Reservestellung

Vermutlich war nur das erotische Erlebnis „Ihr Kick" und danach das Ende. Sollten Sie aber dennoch das Erlebte öfter wiederholen möchten, ist dies sicher kein Problem. Ihr Kartenhaus, nicht zu hoch und stabil gebaut, wird nicht einstürzen. Sie dürfen die Beziehung nur nicht vertiefen.
Hierbei helfen eine ganze Reihe von Tricks. Geben Sie Ihr lediglich eine Handynummer. Da Handykarten mit neuer Nummer billig zu erhalten sind, haben kluge Verführer oft mehrere (oder viele) davon oder sogar mehrere Handys. So werden Sie irgendwann nicht mehr erreicht, wenn die Endzeit gekommen ist.
Verabreden Sie sich gelegentlich und gehen Sie Ihren sexuellen Wünschen nach. Sie werden sehen, alles läuft wie von selbst. Spielen Sie den freiheitsliebenden Traumtypen, der eben nicht so schnell enger in die Privatsphäre eintauchen kann. Zerstören Sie aber auch die Hoffnung darauf nicht!

Manche Männer verstehen es hervorragend, sich diverse Damen zu halten, die auf Abruf bereitstehen. Jede einzelne hat andere Gründe, dies zumindest vorübergehend geschehen zu lassen:

- Sie hoffen auf eine spätere, gemeinsame Zukunft.

- Sie genießen den Augenblick und verwenden die restliche Zeit zum träumen.

- Sie nehmen sich vor, nicht mehr als Abenteuer dienen zu wollen, verlieren aber jedes Mal erneut den Vorsatz.

- Sie sind sicher, dass sich die Sache bald ins Privatleben überträgt.

- Sie glauben leeren Versprechungen, weil sie es glauben möchten.

- Sie denken sich nichts dabei und benutzen die Männer ebenso.

Sie und ich wissen, dass nur eine Affäre geplant war. Es ist aber nicht nötig, dass weitere Personen davon Kenntnis erlangen. Mit diesem Geheimnis schaffen Sie sich die Abenteuer, die Ihr Leben verändern werden.

13.2 Mittelfristige Beziehung

Unter mittelfristig verstehe ich eine Beziehung, die oberflächlich bereits in die Privatsphäre und den Tagesablauf eingreifen darf. Von Ihrer Seite her, sonst würden Sie nicht an „mittelfristig" denken, gibt es von vornherein eine zeitlich ungefähr festgelegte Grenze. In diesem Fall behalten beide Betroffenen die eigene Wohngelegenheit, einen eigenen Freundeskreis, eigene Entscheidungsfreiheit in allen Fragen und eigene Zukunftspläne. Dies heißt aber nicht, dass Sie, sofern es erwartet wird, gelegentlich (einen Keim) Hoffnung auf Späteres streuen dürfen oder müssen, um die Beziehung über den von Ihnen gewünschten Zeitraum aufrecht zu halten. Sie sollten dabei nicht zu langfristig denken.
Die Vorgehensweise der Verführung kann nicht kongruent mit der Methode für kurzfristige Affären ablaufen. Das genannte Kartenhaus könnte, für diese Strategie zu hoch gebaut sein und einstürzen, bevor Sie sich fraulich wieder verändern möchten. Nehmen wir an, Sie hatten die Geschichte Ihres Pools erzählt und es stellt sich heraus, dass Sie gar keinen Pool haben!
Dies wäre eine peinliche Situation, die ich Ihnen ersparen möchte. Das wird Ihnen nicht passieren, wenn Sie entsprechend agieren.

13.2.1 Beruf

Sie haben einen „prestigeträchtigen Beruf"?
Dann würde ich die Wahrheit wählen. Über mehrere

Wochen hinweg zu taktieren lohnt nur, wenn Ihr Job nicht so das ist, was „Frau" sich vorstellt.

Sofern keine Gefahr besteht, dass Bekannte Ihrer Dame näheres über Sie und Ihren Beruf wissen, kann jedoch auch hier ein Pseudoberuf gewählt werden. In diesem Fall gelten analog die selben Tricks wie bei der kurzen Verführung.

13.2.2 Schwindeln ohne Anzugeben

Auch bei einer Vorbereitung auf eine wochenlange Affäre sollten Sie ein wenig schwindeln. Angeber sind und bleiben unbeliebt. Deshalb müssen Sie wieder unbemerkt glänzen.

13.2.3 Tiefstapeln ist wieder Pflicht

Die Auserwählte muss den Eindruck haben, wertvolle und wichtige Dinge sind für Sie eine vorhandene Selbstverständlichkeit. Alles, was Sie im Sinne der Manipulation ins Feld führen, muss auch hier „zufällig" zur Sprache kommen. Die Frage nach Ihrer beruflichen Tätigkeit wird Ihnen sicher gestellt. Ich möchte Ihnen hier eine andere Reaktion darstellen, wie Sie mir selbst zum Beruf Architekt tatsächlich passierte:

„Architekt. Ist sicher interessant"

„Ja schon, worüber sprachen wir doch gerade?"

„Über den Architektenberuf", antwortete sie. „Nein vorher, meinte ich". Aber der Beruf hatte dermaßen eingeschlagen, dass sie nicht davon abließ. „Was macht man so den ganzen Tag als Architekt?"

„Kommt auf den Architekten an. Mancher betreut den Bau von Häusern. Ich bin lieber so in den neuen Bereichen aktiv. Das Regierungsgebäude in Paris soll mit einem Designteil aus Glas und Edelstahl erweitert werden. So interessant, dass ich unsere Zeit mit Erklärungen verbringe, ist das auch wieder nicht."

„Doch, es interessiert mich sehr. In Paris. Ist ja super. Wird das schon gebaut?"

„Ich berechne gerade die Statik. Das ist eigentlich nicht meine Aufgabe. Das machen die Statiker. Ich möchte aber sichergehen, dass die Stabilität meiner neuen Konstruktion den hohen Anforderungen der Regierung standhält."

„Bist Du dann öfter in Paris?", fragte sie neugierig.

„Ich fliege meist nur kurz mal rüber, um Vorschläge zu unterbreiten, Pläne zu zeigen und Kontakte zu pflegen.

Das war schon ein riesiger Schritt in ihr Bett!

Eigentlich hätte ich so manche Manipulationsstufe überspringen können. Auch beim Beruf hatte ich es eigentlich nie nötig, zu schwindeln. Doch ich bin ein Spieler, der gerne provoziert. Mit jeder weiteren Aktion merkte ich, wie Sie förmlich bebte, was mich bestärkte, alle Strategien durchzuspielen. Spaß muss eben sein.

Es war mein Wunsch, nicht nur Stunden, sondern länger mit dieser hübschen, zierlichen Frau gemeinsame Nähe zu spüren. Daher war ich mit meinen Erzählungen etwas

zurückhaltender. Da ich wusste, sie würde wohl auch in mein Haus gelangen, sprach ich auch nicht von einem Pool, da ich keinen habe. Sicher erwähnte ich die vorhandene Sauna im richtigen Moment beiläufig, wie es sich gehört, obwohl ich sie bereits verführt hatte:
„Darf ich Dich heute Abend gegen Sieben anrufen?", hatte Sie mich gefragt, als ich morgens Ihre Wohnung verließ.
„Etwas später bitte, gegen Sieben bin ich noch nicht zuhause oder unten in meiner Sauna ..."

Das symbolisch erwähnte Kartenhaus kann auch hier zum Einsatz kommen. Glänzen Sie einfach in Dingen, die wahr sind oder angeblich länger zurückliegen. So vermeiden Sie unangenehme Konfrontationen.

13.2.4 Besitztümer

Ich habe Ihnen schon mitgeteilt, wie wichtig den Frauen die angeblich so unwichtigen, materiellen Dinge sind. Keine Angst, es wird nicht erwartet, dass Sie mit Geld um sich werfen. Im Gegenteil. Auch die Frauen sind der Meinung, dass Männer, die mit Geld prahlen, meist wenig davon haben. Also ist es für Sie nicht wichtig, Geld zu haben, sondern Ihre Eroberung so zu manipulieren, dass sie glaubt, Sie sind ein stilles, aber „Tiefes Wasser".
Aber wie sollen Sie glänzen, ohne über Wochen mehr und mehr entlarvt zu werden?
Keine Angst, alles läuft gut für Sie!

Ich nehme an, dass Sie sehr wohl in Bezug auf Intelligenz und Besitz nicht zu den benachteiligten Menschen gehören. Wenn Sie Ihre positiven Seiten durch sichere Schwindeleien ergänzen, sind Sie fast am Ziel. Erzählen Sie, auf Umwegen, aus Glanzstücken, die schon länger zurückliegen.

Geht es denn nicht ohne Lügen?

Sicher, aber in diesem Buch werden Ihnen die schnellsten und sichersten Methoden der Verführung dargestellt, die hundertfach erprobt sind. Abstriche können Sie selbst entscheiden.

Die Manipulation mit dem Handytrick kann auch in diesem Fall, mit etwas weniger Power, erfolgen.

Ihr scheinbares Gespräch könnte etwa wie folgt verlaufen:

„Ja, hallo." Pause. „Ach, Herr Reichenberger! Hab gerade nicht viel Zeit zum telefonieren." Pause. „Nein, für zusätzliche Arbeit können Sie mich derzeit wenig begeistern!" Pause. „Sicher dauert das nur einen Tag, aber ich muss auch viel Zeit für die Vorbereitung aufwenden. Ich bin doch ziemlich beschäftigt." Pause. „Nein, so wichtig ist mir das wirklich nicht, auf die 2000 Euro verzichte ich gerne." Pause. „Nein, sicher ergibt sich wieder eine passende Gelegenheit." Pause. „Auch danke, und nichts für ungut. Ja, tschüss Herr Reichenberger."

Die Reaktion, die Gedanken werden wie schon beschrieben Ihren Lauf nehmen. Den Eindruck, den Sie hier zweifelsohne erwecken, ist positiv. Sie sind erfolgreich, aktiv, geschickt in Verhandlungen und beliebt.

13.2.5 Die Verführung

Sie allein werden entscheiden, ob es Ihnen wichtig erscheint, sofort am ersten Tag sexuelle Wunschträume auszuleben. Sofern ja, sind auch hier die Manipulationen zum Abbau der Barrieren anzuwenden, um nicht als Draufgänger aufzufallen oder gar die Beziehung zum Scheitern zu bringen.

13.2.6 Gemeinsame Zeit

Sorgen Sie dafür, dass die Regeln der mittelfristigen Beziehung nicht verletzt werden. Wie Sie festgelegt hatten, ist es Ihr Ziel, für einige Wochen eine Partnerin zu haben, ohne sich intensiv und lange zu binden. Deshalb sehen Sie sich vor. Viele Frauen verstehen es allgemein sehr gut, Beziehungen schrittweise zu intensivieren und Ihr Vorhaben zu verwässern. Halten Sie Distanz. Vermeiden Sie Überschneidungen Ihrer Lebensbereiche. Dies schafft Verstrickungen, die später wieder entwirrt werden müssen. Zu gerne planen Frauen dann einen gemeinsamen Urlaub, der erst in Monaten stattfinden soll. Solche und weitere, gemeinsame Vorhaben sollen Sie dazu bringen, Ihr eigenes Privatleben mehr und mehr aufzugeben.

Dies sind die Manipulationsarten der Frauen, die Sie kennen sollten. Lassen Sie in keiner Weise zu, dass Sie beeinflusst werden. Der Manipulant sind Sie!

Halten Sie den nötigen Abstand, der wichtig ist, die Beziehung am Tag Ihrer Wahl beenden zu können.

13.2.7 Wochenlange Freude

Nur Sie und ich wissen, dass diese Beziehung für schöne Wochen und nicht für ein „Leben zu Zweit" gedacht war. Daher setzen Sie alles daran, dass das auch so bleibt. Erzählen Sie auch Freunden nicht davon. In deren Augen, je nach Sichtweise, wird Ihr Verhalten vielleicht nicht akzeptiert. Warum sollten Sie unnötig Freundschaften belasten?

Vertrauen Sie niemals darauf, dass Freunde und Bekannte interessante Dinge für sich behalten können. Niemals! Es wird vorsichtig, oft auch verfälscht, zugespitzt oder entschärft, komplett oder teilweise, weitererzählt. Denken Sie an Ihre eigene Vergangenheit. Haben Sie nicht auch schon Dinge weitererzählt, von denen Sie im nachhinein der Meinung waren, es wären eigentlich Privatsachen gewesen? Ungeeignet für die Verbreitung über das schnelle Medium „Mensch"? Haben Sie nicht auch schon Dinge ein wenig verschärft weitererzählt, damit sich andere mehr dafür interessieren?

13.2.8 Frauengedanken

Wird sich die Frau wochenlang so verhalten, wie Sie es gerne hätten? Ja, sie wird es bestimmt!
Wie erwähnt, besteht die Gefahr, dass Sie mehr und mehr in Gemeinsamkeiten verstrickt werden. Die Gedanken der Frauen kreisen wie folgt:

- Warum kenne ich seine Freunde nicht?

- Warum übernachtet er nicht öfter bei mir?

- Ich glaube, er traut sich nur noch nicht, eine echte Beziehung zu führen.

- Ich lasse ihn nicht mehr los.

- Mal sehen, wann er mich seinen Eltern vorstellt.

- Ein gemeinsamer Urlaub bringt uns näher zusammen.

- Ob ich ihm einen Ring schenke?

- Warum spricht er nicht über eine gemeinsame Wohnung?

- Vielleicht hat meine Freundin recht und er ist unfähig für eine Beziehung!

- Liebt er mich überhaupt?

- Ob ich Ihn zur Rede stellen soll?

Je besser Sie in der Zeit der Affäre taktieren, umso williger wird Ihnen die Frau zur Verfügung stehen.

Mehr als bei Männern regieren bei den Frauen die Gedanken der Wünsche, Vorstellungen und eventueller Wahrscheinlichkeiten. Aus diesem Grund ist es einer Frau auch möglich, stundenlang mit einer Freundin über Männer zu sprechen. Männer sind mehr von nüchternen Fakten gelenkt.

Ein Mann: „Das Wetter ist zu schlecht, um beim Griechen auf der Terrasse zu essen!"

Eine Frau mit der selben Aussage: "Das Wetter ist schlecht. Wir können nicht im Freien essen. Wenn es schön gewesen wäre dann ... und ... leider aber ..."

14.0 Intimes

Die eigentliche Verführung ist es Wert, hier näher beschrieben zu werden. Sie haben erfahren, wie Sie an Ihr Ziel gelangen. Wie Sie dieses Ziel, den Sex mit der Frau Ihrer derzeitigen Wahl, effektiv und für beide Partner erfreulich gestalten, soll nicht unerwähnt bleiben. Dies ist kein Sexual- und kein Aufklärungsbuch. Daher finden Sie auch keine Beschreibungen zum sexuellen Ablauf.

14.1 Loslassen

Alle Schranken, Hemmungen, Vorurteile und Regeln brechen und nur an den Augenblick zu denken, ist zweifellos der Schlüssel zu einem nachhaltigen Erlebnis. Da sich alles im Kopf abspielt, bringt es nichts, bloße Ratschläge zu geben wie: „Machen Sie leise Musik und gedämpfte Beleuchtung". Es muss eben alles passen, nicht nur das Ambiente.

Damit Sie und vor allem die Partnerin dies genießen können, stellen Sie die Frau darauf ein.

Erklären Sie ihr, dass Sie nicht wissen, was mit Ihnen geschehen ist. Sie fühlen sich so sehr wohl in ihrer Nähe und es kommt Ihnen vor, als würden Sie mit einer unerklärlichen Kraft zu ihr hingezogen.

Bekräftigen Sie dies durch einen unaufdringlichen Körperkontakt, wie Auflegen der Hand auf ihre Hand oder an den Rücken. Direkter Angriff auf die Intimzone ist in diesem Moment völlig unangebracht.

Ich brauche Ihnen nicht weiter erläutern, wie sich eine vertrauensvolle Atmosphäre aufbauen lässt. Lassen Sie Wärme und Nähe spüren. Ein Streicheln der Wange und weitere Vorbereitungen können Ihnen später eine Frau schenken, die nichts lieber will als Sex – nur mit Ihnen!

Genießen Sie endlich das, was Sie vermisst haben und Sie zu dem Erwerb des Buches veranlasst hatte. Ärgern Sie sich nicht über bisher verpasste Chancen. Loten Sie weitere Möglichkeiten aus, die Ihr Leben positiv bereichern.

15.0 Zwei Frauen gleichzeitig verführen

Es ist der Wunschtraum vieler Männer. Muss dies ein Traum bleiben? Nein, denn es ist einfacher als Sie denken. Grundlegend ist es mit etwas Glück immer möglich, aber es gibt einen Trick, der sich bei vielen Männern vor Ihnen bestens bewährt hat.

15.1 Freundinnen

Wie Sie wissen, treten Frauen in Lokalen meist zu zweit auf. Beobachten Sie Freundinnen, wenn Sie der Meinung sind, beide sind so hübsch, dass Ihr Wunsch die Verführung beider darstellt. Da Frauen seltsame Wesen sind, gibt es viele solcher „Zweierpärchen", die sich emotional sehr nahe sind. Das sehen Sie schon sehr bald. Sie lachen miteinander, berühren sich, sehen den selben Männern nach und bewegen sich konform. Nicht selten haben Sie sogar den selben Haarschnitt, einen ähnlichen Bekleidungsstil und gehen gleichzeitig auf die Toilette. Sie müssen lange suchen, bis Sie Männer finden, die immer gern gemeinsam auf die Toilette gehen. Aber bleiben wir bei den uns in der Verhaltensweise oft fremden Art Mensch, den Frauen.

15.2 Einfache Opfer

Diese Kategorie ist, wie sich in vielen Doppelaffären zahlreicher Männer bestätigt hat, ideal für ein solches

Doppelabenteuer geeignet. Es klappte bei jüngeren Frauen sogar einfacher als bei älteren. Diese Tatsache war für viele Männer eine willkommene Überraschung. Junge Girls sind teilweise sehr naiv. Löst jemand Träume und Visionen in Ihrem Gehirn aus, gibt es kein Halten mehr. Dazu stacheln sich die beiden Mädels gegenseitig an.

15.3 Manipulation im Doppelpack

Im Grunde sind es die selben Werkzeuge der Manipulation, egal, wie viele Frauen Sie gleichzeitig verführen. Wichtig ist es beim Doppelpack, einen Gleichlauf herzustellen. Fühlt sich eine der beiden Girls benachteiligt, entsteht nicht selten eine Eifersucht oder zumindest eine Ablehnung, die negative Reaktionen in beiden auslöst. Die eine fühlt sich im Nachteil, die andere bekommt ein schlechtes Gewissen. Daher „behandeln" Sie beide als Ganzes, sprechen Sie beide gleichzeitig an, sehen beide gleich oft an, berühren Sie abwechselnd und geben Sie ihnen das Gefühl, dass Sie an der Gesellschaft beider interessiert sind. Genau daran sind einige Männer vor Ihnen gescheitert. Es kam dabei sogar schon zu Handgreiflichkeiten. Die Manipulationen hatten so sehr gewirkt, dass die scheinbar benachteiligte Dame unter dem Einfluss des Alkohols ausrastete.

15.4 Prinz unter künftigen Prinzessinnen

Beide Girls sollen glauben, Sie hätten einen Prinzen gefunden, der Ihnen alle Wünsche erfüllt. Ich meine damit sicher nicht tatsächlich alle materiellen oder ideologischen Wünsche, sondern in erster Linie den Glauben daran. Stammen die beiden Freundinnen aus einem eher ärmlichen Umfeld, so kann es sehr hilfreich sein, in kleinen Dingen zu zeigen, was Sie „Großes" erwartet. Signalisieren Sie, ihnen einen guten Drink zu spendieren. „Was dürfen wir uns denn aussuchen?" „Egal, was immer Ihr wollt. Seid nicht so bescheiden!" Sicherlich werden Sie sich dann preislich eine Stufe über ihrem üblichen Limit orientieren, was aber für Sie tragbar ist. Schieben Sie dann noch ein paar Attacken der Manipulation nach. Auch hier sollten Sie auf Umwegen vermitteln, dass Sie zu den sorgenlosen Supertypen gehören. Da die Mädels im Doppelpack meist noch naiver sind als allein, haben Sie damit besonders leichtes Spiel. Drehen Sie kräftig an der Zukunftsorgel. „Ihr wollt doch sicher zum Konzert von den XXY". Nennen Sie eine Boygroup, die bald in einer etwas entfernten Stadt auftritt. „Ich kauf euch Karten und fahr mit euch hin!"
Erwähnen Sie ein teures, aber begehrtes Lokal mit den Worten: „Morgen lade ich euch mal dorthin ein!" Bestellen Sie die Drinks und drücken Sie den Girls einen Geldschein in die Hand. „Zahlt doch mal die Getränke, ich hab grad' einen Kumpel gesehen, den ich kurz begrüßen möchte. Damit signalisieren Sie mehrere Dinge und erzielen positive Effekte:

- Sie zeigen damit Vertrauen, denn die Beiden könnten mit dem Geld durchbrennen.

- Ihr Kumpel ist Ihnen wichtig und die jungen Frauen müssen sich ordentlich anstrengen, die Hauptrolle zu spielen.

- Sie erwecken den Anschein, sich ordentliche Drinks leisten zu können.

- Die Freundinnen haben endlich Zeit, miteinander ungestört zu reden, werden gegenseitig von Ihnen schwärmen und sich mit den Wirkungen Ihrer Manipulation anstacheln.

Wieder zurück, möchte Ihnen das Girl Ihr Restgeld geben, doch ohne es anzusehen, winken Sie einfach ab. Sofern sie es nicht angeboten bekommen, ist das zwar ein wenig frech, erfüllt aber den selben Zweck. Sie können zeigen, dass Ihnen das Restgeld nicht wichtig ist. Selbstverständlich wussten Sie, dass nicht viel übrig bleibt.

15.5 Abend zu dritt

Es gilt die Regel, alle Wege gemeinsam zu gehen. Sie werden zusammen tanzen, lachen, flirten. Schließlich werden Sie beginnen, beide mehr in Berührungen einzubinden, den Arm kurz um beide zu legen und schließlich beginnen, beide kurz aber bestimmt auf die

Wange zu küssen. Tasten Sie sich heran. Seien Sie spendabel mit den Drinks! Meist fühlen sich die jungen Damen unbeschwert, endlich mehrere Drinks zu kaufen, wie der Durst es befiehlt. Der Alkohol wird seine Wirkung zeigen. Hier sind Sie es, der darauf achten muss, dass der Alkoholpegel steigt, aber nicht das verträgliche Maß übersteigt. Wie ich Ihnen aus mehreren Begebenheiten berichten kann, ist eine Übertreibung nicht hilfreich. Sofern es einer schlecht wird, hängen beide auf der Toilette rum. Die Arme übergibt sich, die andere hilft ihr als wäre sie ihre Mutter. Dann ist die Stimmung dahin und man muss sich anstrengen, dass die Sache weiter Ihren geplanten Gang geht.

Alkohol ist hilfreich, gibt es doch später vermutlich noch die oft hohe Hemmschwelle zu überwinden, gemeinsam mit einem Mann den Sex zu genießen. Sicherlich gibt es Freundinnen, die auch darin schon Erfahrung haben. Da wir dies aber nicht wissen und dringend den Sex erleben möchten, ziehen wir alle Register unserer Macht.

15.6 Verwirklichung Ihrer Träume

Nach dem Herantasten an die Intimzonen, etwas deutlicheren Küssen und Ihrem Imageaufbau wird es Ihnen gelingen, die beiden in ein Bett zu befördern. Wörtlich genommen muss es keineswegs ein Bett sein, denn der überraschende Sex am Ort Ihrer Wahl ist hier oft wirkungsvoller. Der ganze Abend war für die Mädchen wie ein Traum. Begleitet vom Wunsch solche

Annehmlichkeiten öfter zu erleben und getrieben von den Gedanken daran, was es mit Ihnen noch alles zu erleben gibt, liegt die Hemmschwelle bereits sehr niedrig. Dies ist auch gut so. Den Rest erledigt der Einfluss des Alkohols für Sie. Denn in der Tat kann der letzte Abbau eventuell vorhandener Barrieren hier nicht mit logischen Argumenten „wegmanipuliert" werden.

Welche logischen Argumente sollte ein Mann schon glaubhaft vermitteln, warum der Sex mit zwei Girls für alle Seiten vorteilhaft wäre. Sicher könnte man sich eine Menge Argumente ausdenken, aber ich bin nicht der Meinung, hier immer eine Übereinstimmung mit den Frauen zu erhalten. Die Gefahr, dass die Manipulation verpufft oder gar negative Folgen bringt, ist zu groß.

Die Ereignisse zuvor müssen bereits so stark gewirkt haben, dass die jungen Frauen das tun, was Sie vielleicht vorher nie in ihr Kalkül gezogen haben:
Sie werden Sex zu dritt erleben.

Alle Männer, die Sex zu dritt positiv erlebt haben, geraten schon vom Gedanken daran in Schwärmereien. Manche können sich kaum noch vorstellen, nur mit einer Frau zu schlafen.

Sie werden, wie viele Männer vor Ihnen, feststellen, dass es kaum schwieriger ist, zwei Frauen anstelle von einer zu verführen. Dies trifft jedoch nur in genannter Konstellation zu. Zwei Frauen, die sich nicht kennen, am selben Tag gleichzeitig zu verführen, bewegt sich in einem extrem hohen Schwierigkeitsgrad.

In der Mehrzahl der Fälle geschieht das, was bei Einzelfrauen fast niemals vorkommt – Sie werden scheitern!

Nehmen wir Männer die Tatsache zur Kenntnis, dass uns alles sofort gelingt und erfreuen wir uns unzähliger Beispiele von Artgenossen, die zwei unbekannte Frauen tatsächlich am selben Tag verführt haben, aber – nicht zur selben Zeit!

Schlusswort

Durch dieses Buch wurden oder werden Sie zweifellos zum erfolgreichen Verführer. Nicht selten erlebte ich, dass die Kenner dieser Strategien mehr und mehr von Ihren Abenteuern an Ihre Umwelt weitergaben. Zu schwer ist es, positive Ereignisse für sich zu behalten. Dennoch möchte ich Ihnen dringend abraten, überall das zu zeigen, was Sie wirklich sind – ein Herzensbrecher.
Unter Männern ist es meist kein Problem. Dieses Buch wird weiterempfohlen und andere Männer können an den Erfolgsstrategien teilhaben. Problematisch wird es dann, wenn Sie gegenüber Frauen aus dem Bekannten- und Verwandtenkreis offen Ihren Lebenswandel zur Schau stellen oder dieser weitererzählt wird. Neben Neid wird Sie die Empörung einiger Damen treffen, die in der Folge schlecht über Sie reden oder Sie direkt attackieren.
Sie haben die Werkzeuge der schnellen Verführung kennen gelernt. Ordnen Sie diese ein und verbringen Sie den Rest Ihres Lebens so, wie Sie es künftig möchten. Als vorübergehender Draufgänger oder auch als ständiger Eroberer!
Durch Ihre geschickten Methoden wird es Ihnen möglich sein, ständig zu verführen, ohne dass die „Herzen" der Frauen darunter leiden.

Viel Glück und das notwendige Taktgefühl,

Ihr

Nick Metarn

Erfolgstitel des Autors Nick Metarn:

Covertext:

Dieses Buch durchbricht das Klischee der passiven Frauenwelt und zeigt, wie Frauen selbstbewusst Ihren Traummann erobern. Die speziellen Tricks und die umfangreichen psychologischen Erkenntnisse des Autors führen Sie garantiert zum Erfolg. Durch die Imagination von Vorteilen wird Ihr Traumtyp, wie durch Ihre Macht geleitet, sich nichts sehnlicher Wünschen, als von Ihnen erobert zu werden. Dazu brauchen Sie selbst keineswegs ein Covergirl zu sein. Vorbei ist für Sie die Zeit der passiven Frauenrolle ebenso wie die Notlösung, durch sexuelle Reize aufzufallen, um so den Traumtypen auf sich aufmerksam zu machen. Der Autor rät zur Vorsicht. Da die beschriebenen Methoden und Manipulationstechniken zielsicher funktionieren, laufen Sie Gefahr, die Männer als *Spielzeug für Frauen* zu betrachten. Sie leben Ihre neuen Möglichkeiten nach belieben aus. Als Frau, die unauffällig, ohne Überfluss sexueller Reizmittel, genau Ihren Traumboy findet und nicht mehr loslässt. Vielleicht auch als Aufbruch in ein endloses Abenteuer, stets den Traumboy zu verführen, der von vielen heiß begehrt, aber zielsicher Ihren Verführungskünsten erliegen wird. Dann werden Sie zu einer Frau, die von allen beneidet wird. In jedem Fall aber gilt - so viel ist sicher - dass künftig Sie die Männer auswählen nicht umgekehrt!

ISBN 3-8311-4812-0   Bezug direkt bei:
Megaline, Römerstr.48, 86830 Schwabmünchen
Tel. 08232-905144, Fax – 78388
www.megaline-online.de/buecher oder im Buchhandel

Erfolg an der Börse ist die Folge von richtigem Handeln!

Das Buch des beliebten Erfolgstrainers Helmut Geirhos

Covertext:
Die Börse ist in Aufruhr. Nie zuvor konnten wir eine ähnlich starke Volatilität erleben. Dieses Buch ist eine Abkehr der ständig gepriesenen Selbstverständlichkeit, dass die Börse die lukrativste Art der Geldanlage sei. Der Autor verfügt über 20 Jahre Börsenerfahrung und ist ein erfolgreicher Spekulant und Entwickler hochwertiger Börsen-systeme. Er kennt die Psyche der Anleger und weiß, dass die Börse Vermögenskiller und auch Geldmaschine gleichermaßen sein kann. Dazwischen liegt eine schmale Gradwanderung im dunklen Bereich. Dauerhafter Börsenerfolg wird sich nur dann einstellen, wenn Sie die Börse fühlen können. Dazu wird Ihnen der Autor in diesem revolutionären Buch, voll mit wertvollen Ratschlägen, verhelfen. So wie Hunderte von Anlegern an seinen Seminaren und Vorträgen profitieren, ist auch für Sie dieses Buch "Bares Geld" wert ...

Sie erfahren alles, was für ein erfolgreiches Engagement an der Börse wichtig ist. Sie werden verstehen, warum es unerheblich ist, ob die Märkte fallen oder steigen, denn es gibt in jeder Börsenphase Rezepte, auf der Gewinnerseite zu stehen. Gehen auch Sie diesen Weg zum erfolgreichen Anleger!

ISBN 3-8311-4811-2 / 296 Seiten 17x22cm
Megaline, Römerstr.48, 86830 Schwabmünchen
Tel. 08232-905144, Fax – 78388
www.megaline-online.de/buecher oder im Buchhandel

Das Megaline Lehrzentrum stellt sich vor

**megaline Lehrzentrum
Inh.H.Geirhos
Stammhaus: Römerstr.48
86830 Schwabmünchen
Kontakt:
Tel. 08232 - 905144
Fax 08232 - 78388
info@sprung-zum-erfolg.de**

**Besuchen Sie uns im
Internet:
www.sprung-zum-erfolg.de**

Viele interessante Informationen rund um das Thema Erfolg
erwarten Sie. Unter diversen Erfolgsthemen finden Sie dort
auch unsere beliebten Seminare zum Spezialthema "Börse"!

Erfolgstrainer Helmut Geirhos

Was macht ihn so beliebt?
Warum werden seine Teilnehmer erfolgreich?
Was verändert Ihr Leben nach Ihren Wünschen?

Sie erlernen:
**Ihre Fähigkeiten
entdecken**

**Die Methoden der
Sieger anwenden**

**Ihre Zukunft zu
Gestalten**

**Erleben auch Sie den
beliebten Erfolgstrainer
live in Aktion!**

Helmut Geirhos ist seit Jahren ein
beliebter Erfolgstrainer und begeisterte
seine Zuhörer u.a. in Berlin, Frankfurt,
Köln, Hannover, Stuttgart, München,
Chemnitz und Dresden.
Wissenschaftlich fundierte Erkenntnisse
und Methoden sind die Grundlagen
seines Trainings. Viele Teilnehmer haben
an seinen Seminaren privat und beruflich
profitiert. Praxisnähe und Wirksamkeit seiner
Methoden und nicht zuletzt seine lockere
Seminarführung sind bei den Teilnehmern
beliebt.

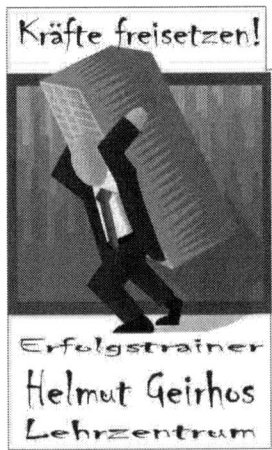

Kräfte freisetzen!

Erfolgstrainer
Helmut Geirhos
Lehrzentrum

Möchten Sie privat und beruflich noch erfolgreicher
und zufriedener werden?
Wollen Sie die nachvollziehbaren Methoden der Sieger erlernen?
Sind Sie bereit, etwas Zeit dafür zu investieren?

Das Wissen der Menschheit entwickelt sich immer schneller.
Wer sich nicht weiterentwickelt, geht jeden Tag einen Schritt
zurück. Nie war es einfacher, sich zu informieren und die vielen
täglichen Eindrücke zur Verwirklichung seiner eigenen Ziele
einzusetzen. Die vielen Probleme unserer Zeit halten auch viele
Chancen bereit, die Sie sinnvoll nutzen können.

> "Das Wesentliche eines Menschen
> ist für die Augen unsichtbar!"
> Antoine de Saint-Exupery

In unserem Seminar mit Erfolgstrainer Helmut Geirhos erleben
Sie eine neue Blickrichtung zur Verwirklichung Ihrer Wünsche.
Der Mittelpunkt des Seminars ist zugleich der wichtigste Mensch
in Ihrem Leben - Sie selbst! Es ist Zeit, an sich zu denken ...

Erfolg ist eines Ihrer Geburtsrechte!

"Niemand weiß, was in ihm drinsteckt,
solange er nicht versucht hat,
es herauszuholen!"
Ernest Hemingway

In unseren Seminare erreichen Sie das wichtigste Ziel Ihres Lebens:
Ihre Zukunft so wirkungsvoll zu gestalten, dass Sie bereits nach dem Seminar sagen können:
"Die wirklich guten Jahre kommen noch!"
Der Gedanke: "Ich glaube an meine Zukunft", ist wertvoll wie Gold.
Sie werden spüren, dass ungeahnte Kräfte in Ihnen schlummern.
Sie werden diese Kräfte entfalten und Begeisterung empfinden.
Sie werden allen Aufgaben des Lebens gewachsen sein und auf viele Anregungen der Seminare ein Leben lang zurückblicken...

Informieren Sie sich über das aktuelle Seminarprogramm im Internet unter:

www.sprung-zum-erfolg.de

Fragen Sie an, falls Sie keinen Seminartermin in Ihrer Nähe finden. Teilweise finden Seminare statt, die nicht kurzfristig geplant und nicht im Rahmenangebot ausgeschrieben sind.

Erfolgstrainer und Coach Helmut Geirhos ist preiswert für Privatcoaching oder Veranstaltungen in Ihrem Betrieb zu buchen.

megaline Lehrzentrum, Römerstr.48, 86830 Schwabmünchen
Tel. 08232 – 905144 Fax 08232 – 78388 info@sprung-zum-erfolg.de

Das Top-Seminar:
Training zu Erfolg und finanzieller Freiheit -
Die Lebensregeln der Sieger erlernen!

Unser bekanntes Powerseminar zum Erfolg!
Das Seminar findet in allen Großstädten in
diversen Bildungseinrichtungen oder Hotels statt. Für den
Raum Augsburg in unserem Lehrzentrum Schwabmünchen.

Eine Bereicherung für jeden, der selbstbewusst, erfolgreich
und in Einklang mit seinen Wünschen sein künftiges Leben
gestalten möchte.
Hierfür ist es in keinem Lebensabschnitt zu spät.
Erfolg ist lernbar und auch für jeden erreichbar!
Private und berufliche Leistung und Ansehen als Folge
zielgerichteter Handlung und dem Erkennen von speziellen
Fähigkeiten. Sie werden erleben, wie Sie schon während des
Seminars wachsen und bereits am selben Tag die ersten,
gedanklichen Weichen stellen ...

- Warum sind manche Menschen sehr erfolgreich, andere
  ohne Chance?
- Energie sinnvoll einsetzen
- Beruflichen Erfolg erlangen
- Finanzielle Unabhängigkeit erreichen
- Lebensfreude entwickeln
- Motivation durch spezielle Fähigkeiten
- Begeisterung durch erlangte Erfolge

Kämen Sie jemals auf die Idee, eine Fremdsprache ohne
jede Mithilfe zu erlernen? Sicher nicht!
Auf dem Lebensweg jedoch begeben sich viele in einen
Irrgarten, das Ziel zerrüttet im Gedächtnis, ohne den Weg
zu kennen. Investieren Sie jetzt in Ihren Erfolg! Begleiten Sie

unseren Coach auf einer Reise in eine glückliche Zukunft!

- Sie erkennen Ihre Ziele und Wünsche
- Sie prüfen Ihre Zielrichtung und legen Ihre Zukunft fest
- Sie lösen Motivation aus und erleben die Begeisterung
- Sie beschreiten Ihren Weg zum Erfolg
- Sie entwickeln Strategien und werden innovativ
- Sie erlangen finanzielle Sicherheit
- Sie blicken in die Manipulation der Mitmenschen
- und vieles mehr …

Der beliebte Kurs vermittelt in anschaulicher Weise,
wie Sie Ihr Leben sofort zum besseren verändern und
beliebter, erfolgreicher und zufriedener sind ...

Auch Sie möchten den Erfolgstrainer live erleben!

Für die Abwicklung dieses Events und für viele weitere
Seminarthemen des Erfolgstrainers Helmut Geirhos ist das
Megaline Lehrzentrum zuständig:

Vertrauen Sie uns:
megaline Lehrzentrum
Stammhaus: Römerstr.48
86830 Schwabmünchen
Kontakt:
Tel. 08232 - 905144
Fax 08232 - 78388
info@sprung-zum-erfolg.de